CHIARA RITA POZZATI

TABACCO: VIZIO O VIRTÙ?

DIFFUSIONE E CONSUMO DEL TABACCO NELL'EUROPA DELL'ANCIEN REGIME: IL CASO FRANCESE

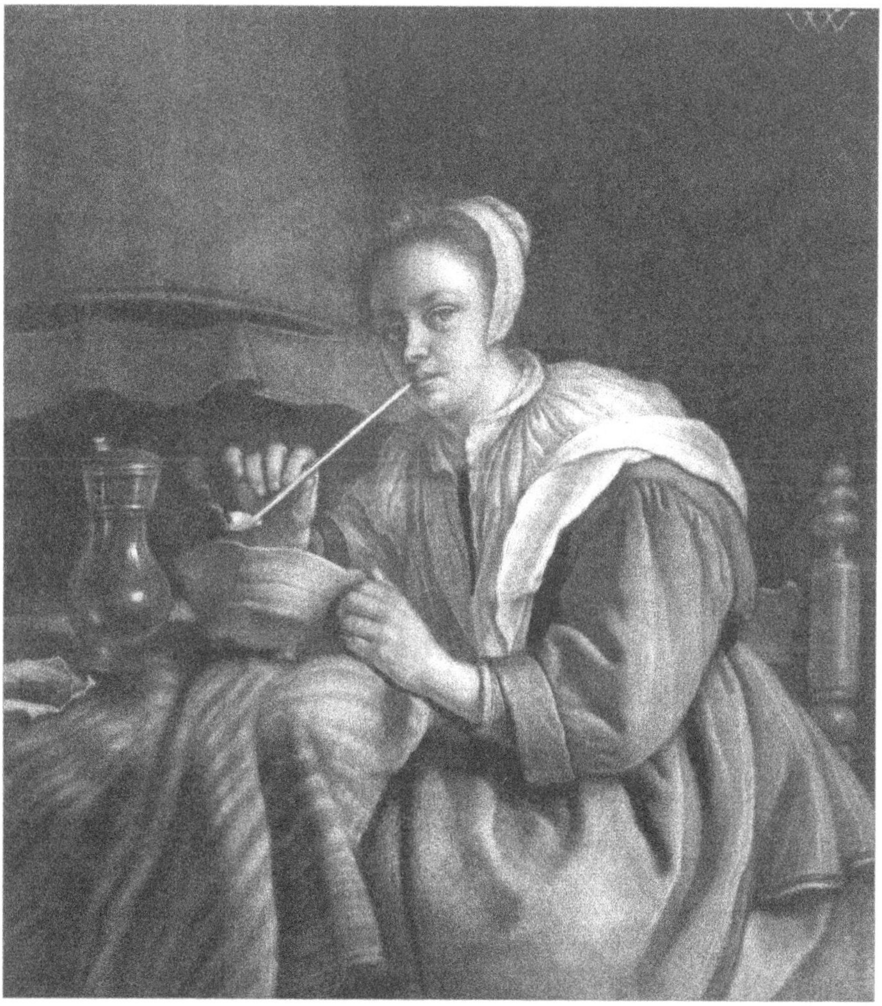

SPS 039

SOLDIERSHOP PUBLISHING

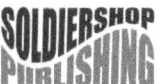

AUTORE:

Chiara Rita Pozzati: Nata il 24 gennaio 1990 a Milano, all'età di 3 anni mi trasferii a Parigi per il lavoro di mio padre, vi rimasi per un anno e mezzo. Dopo aver frequentato il Liceo Scientifico tradizionale, mi iscrissi a Ingegneria Biomedica presso il Politecnico di Milano, ma non era la mia strada. Così dopo tre anni di tentativi di superare gli esami (alcuni con successo altri no), decisi di cambiare e di iscrivermi alla facoltà di Studi Umanistici corso di Storia. Laureata nel 2014 in Storia e nel 2016 in Scienze Storiche con il massimo dei voti. Ora insegno al Collegio Rotondi di Gorla Minore (VA).

NOTE AI LETTORI - PUBLISHING NOTE

Tutto il contenuto dei nostri libri, in qualsiasi forma prodotti (cartacei, elettronici o altro) è copyright Soldiershop.com. I diritti di traduzione, riproduzione, memorizzazione con qualsiasi mezzo, digitale, fotografico, fotocopie ecc. sono riservati per tutti i Paesi. Nessuna delle immagini presenti nei nostri libri può essere riprodotta senza il permesso scritto di Soldiershop.com. L'Editore rimane a disposizione degli eventuali aventi diritto per tutte le fonti iconografiche dubbie o non identificate. I marchi Soldiershop Publishing ©, e i nomi delle nostre collane - Soldiers&Weapons, Battlefield e War in Colour sono di proprietà di Soldiershop.com; di conseguenza qualsiasi uso esterno non è consentito.

None of images or text of our book may be reproduced in any format without the expressed written permission of Soldiershop.com. The publisher remains to disposition of the possible having right for all the doubtful sources images or not identifies. Our trademark: Soldiershop Publishing ©, The names of our series: Soldiers&Weapons, Battlefield, War in colour, PaperSoldiers, Soldiershop e-book etc. are herein © by Soldiershop.com.

LICENSES COMMONS

This book may utilize part of material marked with license creative commons 3.0 or 4.0 (CC BY 4.0), (CC BY-ND 4.0), (CC BY-SA 4.0) or (CC0 1.0). We give appropriate attribution credit and indicate if change were made in the acknowledgements field. All our Soldiershop books utilize only fonts licensed under the SIL Open Font License or other free use license.

ACKNOWLEDGEMENTS

A Special Thanks to Riikmuseum of Amsterdam for the great part of the images used in this Book, and at all the several institution, museum, library, bibliotecks, public or private collection & athenaeums that with their positive copyright policy about part of his collections, allows us the use of many images present in our books. We remember same of this great World Institutions: New York Public Library, Rara CH, Heidelberg Biblioteck University, US Library of Congress, Riikmuseum of Amsterdam, Dusseldorf University Library, Polona Library, Herzog August Bibliothek of Wolfenbüttel, Stuttgart Bibliothek, Frankfurt am Main Universitätsbibliothek, Metropolitan Museum, Europeana, Wikipedia, and many others...

ISBN: 9788893272568   1st edition Luglio 2017   Ebook edition ISBN 9788893272582

Title: **Tabacco: vizio o virtù?** - Diffusione e consumo del tabacco nell'Europa dell'Ancien regime: il caso francese (SPS-039) by Chiara Rita Pozzati. Editor: Soldiershop publishing - Cover & Art Design: Luca S. Cristini. Montaggio: Matteo Radaelli

Cover: Vignetta su Luigi Bonaparte, fratello di Napoleone, divenuto re d'Olanda nel 1806

▲ Il fumatore ritratto dell'artista Jean-Luc Barbier, Francois Aubertin, 1804 (Riikmuseum Amsterdam)

INDICE:

Introduzione .... Pag. 5
Il tabacco in Francia .... Pag. 7
Legislazione e contrabbando .... Pag. 11
Il punto di vista medico .... Pag. 25
Sostenitori del tabacco .... Pag. 37
I medici contro il tabacco .... Pag. 57
Il tabacco e la società d'Ancien Regime .... Pag. 65
Il tabacco e l'arte .... Pag. 85
Conclusione .... Pag. 93
Bibliografia .... Pag. 95

Il bisogno pratico, che è nel fondo di ogni giudizio storico, conferisce a ogni storia il carattere di
'storia contemporanea', perché, per remoti e remotissimi che sembrino cronologicamente i fatti che
vi entrano, essa è, in realtà, storia sempre riferita al bisogno e alla situazione presente, nella quale
quei fatti propagano le loro vibrazioni.

Benedetto Croce

INTRODUZIONE

Per chi fuma, oggigiorno, è facile andare dal tabaccaio, scegliere la propria marca preferita di tabacco (sia esso sotto forma di sigari, sigarette o in pacchetti di polvere libera), acquistare, uscire e iniziare a fumare. Sappiamo che fa male, è scritto ormai su tutti i pacchetti di sigarette, sulle buste contenti il tabacco: il fumo uccide, ma è sempre stato così chiaro?

Immagino che la medesima domanda se la siano posti in molti, ma in pochi hanno dato una risposta. Per quel che riguarda l'Inghilterra Sarah A. Dickson ha scritto un testo intitolato *Panacea or precius bane. Tobacco in Sixteenth Century Literature*. Testo da cui ho attinto per focalizzarmi però su un altro Paese, che per motivi personali e di interesse accademico, mi interessava di più: la Francia. Per citare Disckson: «It is my purpose in this study to trace the beginnings of the tobacco controversy, and to explain, [...], the reason for the attitude of the authors»[1].

Ho avuto la possibilità, oserei dire la fortuna, di recarmi per circa tre mesi a Parigi e poter vedere con i miei occhi e toccare con le mie mani numerosi testi inerenti al tabacco. Si è aperto un mondo davanti a me. Non solo testi di natura legale o medica, ma testi di ogni genere!

La prima domanda che mi sono posta immediatamente è quindi stata: ma come e quando arrivò il tabacco in Francia? E cosa ne pensarono i contemporanei?

Le fonti mi risposero subito.

Ma la domanda che più mi assillava era: che uso si fece di questa pianta? La risposta non poteva certo venire dagli atti reali; la risposta sarebbe invece arrivata dai trattati di medicina. E sicuramente sarebbe stata una risposta che mi avrebbe sorpresa. Oggi muoiono tantissime persone, in Francia come nel resto del mondo, a causa del cancro provocato dal fumo di tabacco, come dice un rapporto dell'Unione Europea del 2015:

Il tabacco è la prima causa di cancro e di mortalità evitabile in Francia con 73 000 morti all'anno, cioè 200 decessi al giorno. Questi decessi rappresentano il 22% della mortalità maschile e il 5% della mortalità femminile.

Se in passato in Francia la percentuale di fumatori diminuiva, tra il 2005 e il 2010 è aumentata, e nel 2014 è rimasta ad un livello molto alto. Così, tra le persone dai 15 ai 75 anni, la percentuale di fumatori quotidiani è passata dal 27% al 29,1% tra il 2005 e il 2010, nel 2014 si è attestata al 28,2%. Tra gli adolescenti di 17 anni si è constatato un aumento di 10 punti tra il 2008 e il 2011, il che porta la prevalenza di consumatori al 31,5%.[2]

Ma durante l'*Ancien Régime*? Si sapeva che questa era causa di morte? La risposta è no, anzi lo si consigliava per rimanere in salute o rimettersi in salute.

Così ho deciso di esplorare questo mondo.

Questa ricerca toccherà vari argomenti: da dove e quando è arrivato il tabacco, come accennavo in precedenza, chi lo ha importato; dal punto di vista legale come si è evoluta la situazione in Francia tra *Ancien Régime*, Rivoluzione e Impero napoleonico. Dopo questa doverosa premessa, analizzerò l'uso medico che se ne fece. I medici erano a favore o a sfavore del tabacco? La pianta fu ammantata di un'aura miracolosa, tanto che non solo i medici ne decantarono le lodi, ma anche molti uomini di cultura. La pianta e o suoi derivati risultarono così tanto al centro delle attenzioni di tutti che gli furono dedicate opere poetiche, anatemi, stampe grafiche di rappresentanza e satiriche, ma anche musiche, canzoni e balletti. Dedicati al tabacco o a chi ne faceva uso. A questi componimenti e all'immagine del tabacco e del suo consumo che proiettano sarà dedicata la parte conclusiva del saggio.

Chiara Pozzati

---

1 S. A. Dickson, *Panacea or precious bane: tabacco in sixteenth century literature*, New York, 1954, p. 5.

2 http://ec.europa.eu/growth/tools-databases/tris/it/search/?trisaction=search.detail&year=2015&num=241, 2015.

IL TABACCO IN FRANCIA

Il tabacco arrivò in Europa con la scoperta del Nuovo Mondo fatta da Cristoforo Colombo[3] nel 1492. Una delle prime testimonianze è fornita da Bartolomé de Las Casas[4] nel suo *Historia de las Indias*. Lo cita Didier Nourisson nel libro *Histoire sociale du tabac* per mostrarci come era uso fumare il tabacco:

> *Les deux chrétiens trouvèrent sur leur route beaucoup de gens, hommes et femmes, qui traversaient les villages, les hommes ayant toujours un tison à la main et certaines herbes pour se régales de leur parfum. Ces herbes sèches son mises dans une autre feuille, sèche aussi, de la forme de ces pétards [mosquets] que font les enfants le jour de la Pentecôte. Une extrémité en étant allumée, ils en sucent, hument ou inhalent par l'autre la fumée, grâce à quoi leurs chairs s'assoupissent et cela les enivre presque, et on dit qu'ainsi, ils ne ressentent pas la fatigue. Ces soi-disant pétards, ils les nomment tabacos...*[5]

Ma Gonzalo Hernández de Oviedo y Valdés[6], il quale fece egli stesso un viaggio in America nel 1514, nell'opera *Histoire naturelle et générale des Indes* del 1580 mostrò un modo alternativo di fumare il tabacco, una sorta di pipa:

> *Ils ont des tubes ou des roseaux qui sont remplis d'un tabac appelé picietl qui est broyé avec de la chaux, des racines diverses et du liquidambar ; et de tous ces ingrédients, ils font une masse avec laquelle ils remplissent leurs tubes à fumer qu'ils nomment poquietl et, allumant le bout de ce tube, ils mettent l'autre extrémité dans leur bouche et aspirent, et font sortir la fumée par la bouche et elle est si forte qu'elle endort les gens.*[7]

Il tabacco fu importato dapprima in Portogallo e in Spagna, gli unici Paesi che subito fondarono colonie nelle Indie Occidentali.
In tutti i trattati che ho potuto leggere il primo problema affrontato riguarda l'origine della pianta e quale fosse il suo nome. Dall'opuscolo *Le bon usage du tabac en poudre*[8] veniamo a conoscenza che la pianta fu scoperta dagli spagnoli sull'isola di Tobago, provincia della Nuova Spagna, e portata dal dottor Hernandés in Spagna e poi in Portogallo, poco prima del 1560. Ma studi più recenti come il testo di Orazio Comes *Histoire, géographie, statistique du tabac. Son introduction et son expansion dans tous le pays depuis son origine jusqu'à la fine du XIX siècle* e il testo di Berthold Laufer *Introduction of tobacco into Europe*[9], sostengono però che il primato fosse di André Thevet[10], che sarebbe stato il primo a trapiantare il tabacco in Francia[11], e non Jean Nicot[12] come si è sempre sostenuto. Ma non sono solo questi due autori a sollevare il problema: anche il più recente studio di Marc e Muriel Vigié, *L'herbe à Nicot. Amateurs de tabac, fermiers généraux et contrebandiers sous l'ancien régime*[13], inizia ponendosi proprio la domanda se sia stato Nicot o Thevet l'importatore del tabacco in Francia. Thevet fu lasciato a La Plata (baia di Rio de Janeiro) a causa di un'indisposizione per qualche mese, durante quel periodo ebbe occasione di constatare l'uso del tabacco da parte degli indigeni e infatti ne parlò nel suo scritto *Les*

---

3 Genova 1451 – Valladolid 1506
4 Siviglia 1474 – Madrid 1566
5 D. Nourisson, *Histoire sociale du tabac*, Éditions Christian, Paris, 2000, p. 8.
6 Madrid 1578 – Valladolid 1557
7 D. Nourisson, *Histoire sociale du tabac*, Éditions Christian, Paris, 2000, p. 8.
8 C. Brunet, *Le bon Usage du tabac en poudre, les différentes manières de le préparer et de le parfumer*, Paris, 1700.
9 B. Laufer, *Introduction of tobacco into Europe*, Chicago, Fiel Museum of Natural History, 1924.
10 Angoulême 1502 – Paris 1590
11 O. Comes, *Histoire, géographie, statistique du tabac. Son introduction et son expansion dans tous le pays depuis son origine jusqu'à la fine du XIX siècle*, Napoli, 1900, p. 69 ; B. Laufer, *Introduction of tobacco into Europe*, Chicago, Fiel Museum of Natural History, 1924, p. 48.
12 Nîmes 1530 – Parigi 1600
13 M. et M. Vigié, *L'herbe à Nicot. Amateurs de tabac, fermiers généraux et contrebandiers sous l'ancien régime*, Paris, 1990.

Singularités de la France antarctique pubblicato nel 1558 nel quale scriveva:

> *Autre singularité d'une herbe, qu'ils nomment en leur langue Pétun, laquelle ils portent ordinairement avec eux pour ce qu'ils l'estiment merveilleusement profitable à plusieurs choses. Elle ressemble à notre buglosse. Or ils cueillent soigneusement cette herbe et la font sécher à l'ombre dans leurs petites cabanes. La manière d'en user est telle : ils enveloppent, étant sèche, quelque quantité de cette herbe en une fuille de palmier, qui est fort grande, et la roulent comme de la longueur d'une chandelle, puis mettent le feu par un bout, et en reçoivent la fumée par le nez et par la buche. Elle est fort salubre, disent-ils, pour faire distiller et consumer les humeurs superflues du cerveau. Davantage prise en cette façon, fait passer la faim et la soif pour quelque temps. Par quoi ils en usent ordinairement, même quand ils tiennent quelque propos entre eux, ils tirent cette fumée, et puis parlent : ce qu'ils font coutumièrement et successivement l'un après l'autre en guerre, où elle se trouve très commode. Les femmes n'en usent aucunement. Vrai est que si l'on prend trop de cesse fumée ou parfum, elle entête et enivre, comme le fumet d'un fort vin. Les chrétiens étant aujourd'hui par-delà sont devenus merveilleusement friands de cette herbe et parfum, combien qu'au commencement l'usage n'est sans danger avant que l'on y soit accoutumé car cette fumée cause sueurs et faiblesses jusques à tomber en quelque syncope : ce que j'ai expérimenté en moi-même.*[14]

Nicot invece fece la conoscenza di questa pianta solo l'anno dopo, quando nel 1559 era ambasciatore in Portogallo e la spedì a Parigi nel 1560 con una lettera al cardinale di Lorena datata 26 aprile:

> *J'ai recouvré d'une herbe d'Inde, de merveilleuses et expérimentées propriétés contre le noli me tangere et les fistules déplorées comme irrémédiables par les médecins et de prompt et singulier remède aux Maures. Sitôt qu'elle aura donné sa graine, j'en enverrai à votre jardinier à Marmoustier et de la plante même dedans un baril avec une instruction pour replanter et l'entretenir tout ainsi qu'on fait pour les orangers.*[15]

Ma a proprio sostegno Thevet, che voleva sostenere l'orgoglio francese di aver importato direttamente la pianta di tabacco e non attraverso la via spagnola, portò le pagine di Jacques Cartier[16], il quale nel suo *Bref Récit* spiega l'uso del tabacco da parte degli indigeni del Canada 20 anni prima: «...Et en prennent une telle quantité qu'elle sort par les yeux et par le nez : et se parfument ainsi à toutes heures du jour»[17].

Per quanto riguarda il nome, invece, il primo a trattare l'argomento fu Johannes Neander[18], nel 1625 col suo *Traicté du tabac*, pubblicato a Lione nel 1626, il quale sosteneva che in Francia il nome *Nicotiana* derivasse «du nom de M. Iean Nicot natif de Nimes, Conseiller du Roy François II»[19], una piccola aggiunta la fornisce il testo di Jean Le Royer Prade[20] che specifica che Jean Nicot era «Ambassadeur du Roy François second auprès de Sébastien Roy de Portugal en 1560.»[21] Una piccola descrizione dell'ambasciatore e della sua scoperta la fornisce Berthold Laufer:

> *This quidam was Jean Nicot, born at Nimes in 1530 as the son of a notary public and educated in Paris. He was French ambassador to Portugal from 1559 to 1661. One day he went to see the prisons of the king of Portugal, and the keeper of the prisons presented him with an herb as a strange plant brought form Florida.*[22]

In seguito i nomi del tabacco si moltiplicarono: solo in Francia venne chiamato «*Nicotiane, l'Herbe du*

---

14 *Ibidem*, pp. 13-14.
15 *Ibidem*, pp. 15-16.
16 Saint Malo 1491 – Saint Malo 1557
17 M. et M. Vigié, *L'herbe à Nicot. Amateurs de tabac, fermiers généraux et contrebandiers sous l'ancien régime*, Paris, 1990, p. 14.
18 Tedesco, 1569?-1630?
19 J. Neander, *Traicté du tabac*, Lione, 1626, p. 5.
20 1624-168?
21 J. Le Royer Prade, *Discours du Tabac, ou il est traité particulièrement du Tabac en poudre. Avec des Raisonnemens Physiques sur les vertus & sur les effets de cette Plante, & de ses divers usages dans la Médicine*, Paris, 1668, p. 4.
22 B. Laufer, *Introduction of tobacco into Europe*, Chicago, Fiel Museum of Natural History, 1924, p. 49.

Grand Prieur, ou l'Herbe à la Reyne.»[23], quest'ultimo proprio in onore della regina madre Caterina de' Medici[24] che soffriva di emicrania e che traeva conforto dalle proprietà di questa pianta[25]. In altri Paesi prese altri nomi, ad esempio come in Italia, dove si usò il nome di Erba di Santa Croce, in onore del cardinale di Santa Croce, nunzio in Portogallo.

Per i primi tempi la pianta del tabacco fu semplicemente piantata nei giardini botanici per la sua bellezza; infatti questa pianta produce fiori che hanno forma di campanula e, a seconda del tipo di pianta, hanno 5 punte o hanno un bordo più tondeggiante.

---

23 J. Le Royer Prade, *Discours du Tabac, ou il est traité particulièrement du Tabac en poudre. Avec des Raisonnemens Physiques sur les vertus & sur les effets de cette Plante, & de ses divers usages dans la Medicine*, Paris, 1668, p. 5.
24 Firenze 1519 – Blois 1589
25 B. Laufer, *Introduction of tobacco into Europe*, Chicago, Fiel Museum of Natural History, 1924, p. 49.

▲ *Pacchetto di tabacco del periodo francese, 1811*

Come vedremo più approfonditamente in seguito, il tabacco divenne comune *in primis* per le sue qualità calmanti sull'essere umano ma non solo: divenne ingrediente fondamentale di alcune prescrizioni mediche per i più disparati problemi di salute.

In Inghilterra Giacomo I Stuart[26] scrisse nel 1604, appena salito al trono, un'invettiva contro il tabacco per convincere i suoi cittadini a non cedere a questa pianta che avrebbe nuociuto alla salute.[27] Di tutt'altro avviso furono i medici e i sovrani francesi i quali, come Giacomo I, applicarono molte tasse e gabelle sul tabacco, non tanto per la salute dei cittadini quanto per poter rimpinguare le casse del Tesoro (l'unico sovrano che dimostrerà di avere qualche scrupolo per la salute dei cittadini sarà Luigi XVI).

In breve tempo il tabacco diventò una vera e propria moda. Citando nuovamente l'opuscolo di Brunet:

> *On use aujourd'hui du Tabac autant à la Cour qu'à la Ville ; on voit les Princes et les grands Seigneurs s'en servir comme le peuple ; il a part aux inclinations des Dames les plus illustres, et les Bourgeoises qui tâchent de les imiter en tout, ne s'oublient point en cette occasion. Il est la passion de Prélats, des Abbés et des Religieux même ; et nonobstant les défenses des Papes[28], les Prêtres en Espagne ne sont aucun scrupule de s'en servir en disant la Messe, et d'avoir la Tabatière ouverte sur l'Autel, tant la Coutume ou l'habitude à prendre du Tabac prévaut aux remontrances et aux commandements.[29]*

Il tabacco diventò simbolo fondamentale della nobiltà di Ancien Régime, che vide nella sua consumazione in polvere un atteggiamento distintivo del proprio ceto sociale: le altre assunzioni erano percepite come "popolane", o più specificatamente di soldati e marinai. Ma soprattutto, fiutare tabacco era considerato meno dannoso per la salute.

Divenuta elemento centrale della vita quotidiana, questa pianta, ritenuta da alcuni addirittura miracolosa, venne elogiata con la poesia, la musica e l'arte in generale.

---

26   Edimburgo 1566 – Londra 1625
27   Giacomo I Stuart, *A Counterblast to tobacco - Invettiva contro il tabacco*, Londra, 1604.
28   Si fa riferimento alla bolla papale del 1642 *Cum Ecclesia*.
29   C. Brunet, *Le bon Usage du tabac en poudre, les différentes manières de le préparer et de le parfumer*, Paris, 1700, p. 3.

LEGISLAZIONE E CONTRABBANDO

2.1. DECLARATIONS ED EDITS DAL 1629 AL 1788

Durante il periodo monarchico, furono 4 i re che succedendosi emanarono ordinanze e decreti sull'argomento: Luigi XIII[30], Luigi XIV[31], Luigi XV[32] e Luigi XVI[33].

Il tabacco inizialmente era importato in Francia dalle colonie americane: San Cristoforo, Martinica, Santo Domingo, Guiana, Luisiana e Mississippi.[34] Ma come i Vigié specificano: «En France, la culture du tabac ne s'est pas développée qu'à partir de Louis XIII, avec une génération de retard sur les pays ibériques et l'Angleterre»[35]. La coltivazione della pianta fu permessa solo in alcune regioni: Alsazia, Lorena, Artois e Normandia; tutte regioni di confine in cui la coltura della pianta si era già diffusa ben prima dell'introduzione della privativa.

La prima Declaration sul tabacco fu emanata da Luigi XIII nel 1629: in essa si stabiliva il pagamento di 30 soldi a libbra per il diritto di entrata del tabacco, a esclusione di quello di San Cristoforo, delle Barbados e delle Isole Occidentali esentate dal pagamento per favorire il fiorire della produzione e del commercio delle colonie. Così riporta l'atto:

> *Avons declaré & declarons par ces presentes signées de nostre main, Voulons & nous plaist, que de tout le Petun ou Tabac qui sera apporté des Pays estrangers en notre Royaume, il sera d'oresnavàt payé trent sols pour livre pour le droict d'entrée, excepté pour celuy qui viendra de Isle S. Christofle, la Barbade, & autres Isles Occidentales qui appartiennent à la Compagnie former pour habiter lesdittes Isles : duquel droict nous les avons déchargez & exemptez, déchargeos & exemptos par cesdites presentes, pour favoriser d'autat plus l'establissement & accroissement de laditte Compagnie quia esté dressée pour le bien general de nostre Royaume.*[36]

Nel 1642, con una bolla, Urbano VIII diede inizio ad un processo di regolarizzazione del tabacco. La bolla *Cum Ecclesiae* sanciva una limitazione nell'uso del tabacco in chiesa, in quanto alcuni chierici e sacerdoti fiutavano o masticavano tabacco durante l'ufficio della messa sporcando i paramenti; per questo uso smodato del tabacco il Papa decise:

> *Hinc est, quod Nos, ut abusus tam scandalosus ab Ecclesiis huiusmodi prorsus eliminetur, pro pastorali nostra sollicitudine providere, ac Decanum, et Capitulum praefatos specialibus favoribus, et gratiis prosequi volentes, et eorum singulares personas a quibusvis excommunicationis, suspensionis, et interdicti, aliis ecclesiasticis sententiis, censuris, et poenis a iure, vel ab homine quavis occasione, vel causa latis, si quibus quomodolibet innodatae existunt ad effectum praesentium dumtaxat consequendum, harum serie absolventes, et absolutos fore censentes, supplicationibus ipsorum Decani, et Capituli Nobis super hoc humiliter porrectis inclinati, omnibus, et singulis utriusque sexus personis, tam saecularibus, quam ecclesiasticis, etiam cuiusvis Ordinis, Instituti, ac Militiarum etiam hospitalis S. Ioannis Hierosolymitani regularibus quomodolibet qualificatis, et quantumlibet privilegiatis, et exemptis etiam speciali nota, et expressione dignis, ne de caetero in quibusvis civitatis, et Dioecesis predictarum Ecclesiis, earumque atriis, et ambitu Tabaccum, sive solidum sive in frustra concisum, aut in pulverem redactum ore, vel naribus, aut fumo per tubulos et alias quomodolibet sumere audeant, vel praesumant sub excomunicationis latae sententiae eo ipso absque aliqua declaratione per contraficientes incurrendae poena, auctoritate Apostolica tenore praesentium interdicimus, et prohibemus.*[37]

---

30 Fontainebleau 1601 – Saint-Germain-en-Laye 1643, in carica dal 1610.
31 Saint-Germain-en-Laye 1638 – Versailles 1615, in carica dal 1643.
32 Versailles 1710 – Versailles 1774, in carica dal 1615.
33 Versailles, 1754 – Paris 1793, in carica dal 1774.
34 M. et M. Vigié, *L'herbe de Nicot. Amateurs de tabac, fermiers généraux et contrebandiers sous l'ancien régime*, Paris, 1990, pp. 100-119.
35 *Ibidem*, p. 125.
36 Louis XIII, Acte Royale, 1629-11-17, Parigi, p. 1.
37 Urbano VIII, Acte Pontificale, 1642-01-30, Roma, p. 1.

La bolla era principalmente indirizzata agli ecclesiastici di Siviglia e della regione circostante, ma fu applicata, in seguito, a tutte le chiese cattoliche.

Per quanto riguarda strettamente la Francia, due anni dopo, nel 1644, venne promulgata una nuova Déclaration, dal nuovo re Luigi XIV e da sua madre, la regina reggente Anna d'Austria[38], in cui dichiarava illegale il trasporto del tabacco da parte dei soldati che rimpatriavano: i comandanti erano responsabili del controllo delle loro truppe, che se avessero importato sale o tabacco, sarebbe risultato contrabbando non avendo pagato la tassa del diritto d'entrata.[39]

Dal 1646 iniziano un susseguirsi di Déclarations che stabiliscono le pene e le ammende per chi contrabbandava tabacco. Ma bisognerà aspettare il 1674 per la creazione della *Ferme du Tabac* ad opera di Luigi XIV. Un piccolo *excursus* è doveroso dedicarlo alla Lettera Patente voluta da Luigi XIV nel 1659 in cui venne assegnato al Sieur de Montfalcon il diritto, a lui solo, di vendere le pipe per fumare il tabacco:

Lettres patentes du Roy, et arrests donnez en consequence, Portant permission au Sieur de Montfalcon, de faire fabriquer, marquer, & vendre des Pipes à prendre du Tabac en fumée ; avec defenses à toutes personnes d'en faire aporter d'étrangeres, d'en fabriquer & d'en vendre sans permission & marque dudit de Montfalcon, à peine de confiscation, de six mille livres d'amende, & autant de despens dommages & interests ; Et pareilles defenses de médire, ny méfaire à ses Commis & de les troubler dans leurs visites, chez les Marchands, Hosteliers, & Cabaretiers, sur les memes peines.[40]

Il privilegio rimase valido per ventinove anni e il prezzo indicato fu «au plus haut prix que douze sols la douzaine»[41].

Nel 1663 Luigi XIV decise, insieme ai suoi ministri, di stilare un primo regolamento per regolare definitivamente le pene e le multe da infliggere ai contrabbandieri; in quegli anni, però, non si faceva ancora alcuna differenza tra contrabbandieri di sale e di tabacco. Al contrario, i contrabbandieri furono divisi in due categorie: quelli senza armi e quelli con le armi.

[...]que ceux qui feront le faux-saunage à porte col sans armes, chevaux, ny batteaux, soient condamnez pour la premiere fois en trois cens livres d'amende qu'ils seront tenues de payer dan un mois, & à faute de ce voulons qu'ils soient fustigez & flestris, & que la marque de ladite flestrissure soit d'un, G, avec un fer chaud sur le bras gauche au dessus du poignet ; ce qui sera executé nonobstant l'appel : & neantmoins en cas que les accusez consignent l'amende, il sera différé à l'appel, & ledits accusez conduits aux prisons de ladite Cour des Aydes & les frais qu'il conviendra faire pour raison de ce pris sur lesdites amendes consignées, sauf à ordonner par ladite Cour sur la restitution s'il y eschet; & pour la second fois, voulons qu'ils soient condamnez aux aux Galeres pour trois ans,[42] *[...]de ceux qui seront ledit faux-saunage avec chevaux, harnois, ou batteaux, sans armes, Nous voulons qu'ils soient condamnez aux Galeres pour cinq ans pour la premiere fois, avec confiscation à notre profit des chevaux, harnois, & batteaux, & de toutes le merchandises qui seront chargées sur iceux : Et en cas qu'ils recidivent qu'ils soient condamnez à la mort.*[43]

In caso in cui non potessero essere messi sulle galee, sarebbero stati marchiati con la lettera "G". Per le donne che fossero state colte in flagranza di reato per la prima volta era prevista un'ammenda di 100 lire e la restituzione delle Gabelle non pagate; la seconda volta invece sarebbero state frustate, disonorate e costrette a pagare 300 lire di contravvenzione. Il tutto doveva avere luogo nelle 24 ore seguenti la cattura. Le pene furono modificate nel 1667: furono aumentate le ammende ma furono attenuate le pene a vita alle galee:

Et pour cét effet nous augmentâmes les amendes contre ceux faisoient le faux-saunage à porte-col à la somme de trois cens livres ; & au lieu qu'à faute de les payer dans le delay d'un mois, nous les avions convertis en la peine des trois ans de Galeres, nous moderâmes au foüet, & à la flétrissure portée par lesixiéme Article dudit Edict : Et quant à ceux qui

---

38 Valladolid, 1601 – Parigi, 1666.
39 Louis XIV e Anna d'Austria (reggente), Acte Royale, 1644-08-27, p. 1.
40 Louis XIV, Acte Royal, 1659-05-10, Parigi, p. 1.
41 Ibidem, p. 3.
42 Louis XIV, Acte Royal, 1663-02-17, Parigi, p. 4.
43 Ibidem, pp. 4-5.

faisoient le faux-saunage avec chevaux, harnois, & bâteaux, nous convertîsme la peine des Galeres à perpetuité. à cinq ans seulment.[44]

Nel 1672 Luigi XIV decise di distribuire il tabacco alle truppe insieme alle pipe per poterlo fumare: di certo questo fu un incentivo, dal punto di vista del re, per fare in modo che i soldati non dovessero acquistare il tabacco in maniera illegale.

Ma, come accennato in precedenza, uno degli editti più importanti fu quello del 1674, con cui venne istituita formalmente la *Ferme du Tabac*. Si era constatato che ormai il tabacco era di uso comune, così il Re insieme al suo Consiglio decise che bisognava regolamentare il tutto nuovamente e il tabacco divenne quindi monopolio di Stato, con prezzi decisi dal governo. Venne decretato che:

Que tout le Tabac du crû de notre Royaume, Isles Françoises de l'Amerique, Tabac mastiné de Bresil, & autre venant des pays estrangers, en feüille, rouleau, corde, en poudre, parfumé & non parfumé, ou autrement, de quelque sorte & maniere que ce soit, sera à l'avenir vendu & debité, tant en gros qu'en détail, par ceux qui seront par Nous preposez au prix que Nous avons fixé ; Sçavoir celuy du crû du Royaume à vingt sols, & celuy du Bresil quarante sols la livre.[45]

Infine il Re vietava a chiunque altro di vendere qualunque tipo di tabacco una volta passati tre mesi dalla pubblicazione della detta *Déclaration*. La pena per chi avesse contravvenuto le regole era «de mille livres d'amende pour la premiere fois, & de punition corporelle pour la seconde.»[46] I mercanti dovevano essere autorizzati e pagare la tassa di diritto d'entrata nel paese «à peine de confiscations & de deux mille livres d'amende»[47]. Vennero dati tre giorni ai mercanti per dichiarare quanto tabacco avessero nelle loro botteghe e magazzini. Dall'"*Extrait des Registres du Conseil d'Estat*" si può constatare che la prima *Ferme du Tabac* fu data in gestione a «Maistre Jean Breton Bourgeois de Paris»[48] per sei anni consecutivi.

Dopo tre anni di monopolio, i giudici fecero notare al Re e al Consiglio che tali ammende erano difficilmente riscattabili, così nel 1677 venne pubblicata una nuova *Déclaration* per diminuire le ammende:

Nous avons reduit & moderé les amendes pour les contraventions qui seront faites à nos Edits, Declarations & Reglemens concernant l'établissement de nos Droits sur le Papier & Parchemin Timbrez, & sur le Tabac, à la somme de cent livres, pour la premiere fois, et à celle de trois cens livres, en cas de recidive, sauf aux Juges asquels la conoissance en appartient, de les augmenter à proportion du préjudice que nos Fermiers desdits Droits en recevront.[49]

I giudici avevano in ogni caso il potere di aumentare l'importo dell'ammenda a loro discrezione.

Tra il 1676 e il 1679 il Consiglio di Stato decretò che le piantagioni metropolitane fossero limitate alle zone limitrofe di Bordeaux e Montauban, ai dintorni di Saint-Maxient, Léry et Montdragon. Rimase libera nelle regioni della Franche-Comté, Alsace, Flandre, Hainaut e Cambrésis. Vennero inoltre, in quegli anni, definiti i porti di entrata e uscita del tabacco dal Reame. Per esportare il tabacco furono designati i porti di Marseille, Toulon, Agde, Sète, Narbonne, Bordeaux, Les Sables-d'Olonne, La Rochelle, Nantes, Morlaix, Saint-Malo, Rouen, Dieppe, Saint-Valery. Per l'importazione invece furono indicati gli stessi a esclusione di Toulon, Agde, Sète, Narbonne, Les Sables-d'Olonne e Saint-Valery.[50]

Nel 1680 la *Ferme du Tabac* venne unita alle altre *Fermes Générales*, così nel 1681 fu redatto il primo regolamento scritto nella sua interezza della *Ferme du Tabac*: organizzato in 30 articoli, sanciva regole precise per ogni passaggio a cui doveva essere sottoposto il tabacco: per esempio, nessuno a parte i Fermieri, i Procuratori, i Commissari e i Preposti potevano far commercio di tabacco in qualunque modo (da fumo, in polvere, etc) nel Reame; si specificava il tipo di sigillo che doveva essere apportato sul tabacco venduto; venivano definiti i prezzi e così pure

---

44 Louis XIV, Acte Royal, 1667-02-22, Saint-Germain-En-Laye, pp. 3-4.
45 Louis XIV, Acte Royal, 1674-09-27, Versailles, p. 1.
46 *Ibidem*, p. 1.
47 *Ibidem*, p. 1.
48 *Ibidem*, p. 2.
49 Louis, XIV, Acte Royal, 1677-02-20, Saint-Germain-En-Laye, p. 2.
50 M. et M. Vigié, *L'herbe de Nicot. Amateurs de tabac, fermiers généraux et contrebandiers sous l'ancien régime*, Paris, 1990, pp. 552-553.

▲ Manovali che fumano la pipa. David Teniers (II), 1630 - 1660 (Riikmuseum Amsterdam)

le ammende e le pene per chi contravveniva a questo regolamento.[51]

Nel 1688 venne definito il primo regolamento interamente dedicato al contrabbando del tabacco all'interno dell'esercito francese. Venne definito quanto tabacco spettasse alle truppe e quale tipo di tabacco.[52]

Si dovette invece aspettare il 1694 per una nuova *Déclaration* concernente la «Création des Offices de Receveurs en chacun Grenier à Sel, Bureaux des Entrées & Sorties du Royaume, Doüannes, Traittes, Aydes, Domaines, Tabac, &c. aux Droits, Privileges & Exemptions y portez.»[53] Con questo decreto Luigi XIV decise di creare quindi degli uffici ereditari per destinatari e imprenditori del tabacco. Ci sarebbe stato un Conseiller-Receveur delle Gabelle in ogni granaio e camera del Sale, dipendente dalla *Ferme Générales* delle Gabelle di Francia.[54] Un altro Conseiller-Receveur sarebbe stato assegnato negli uffici già stabiliti e da stabilire, per riscuotere i diritti d'entrata e d'uscita del tabacco.[55]

Problema non di secondaria importanza per l'epoca, erano le donne dedite al contrabbando: erano molte e, oltretutto, restavano spesso impunite. Ragione per cui nel 1696 Luigi XIV decise di prendere severi provvedimenti in materia:

> *Qu'à l'avenir les femmes & filles qui avront rompu leur ban, soient de plein droit emprisonnées dans les Prisons de la Jurisdiction où elles avront esté condamnées. Qu'elles y resteront pendant une année pour la premiere infraction, & deux années en cas de recidive au Faux-Saunage ; de nouvelle condamnation au banissement, & nouvelle infraction de leur ban, sans que nos Juges en puissent diminuer le temps sous quelque pretexte que ce soit.*[56]

Nel 1697 la *Ferme du Tabac* venne nuovamente distinta dalle *Fermes Générales*. Negli anni Luigi XIV continuò la sua battaglia di contrasto al contrabbando, aumentando le ammende e le pene, sia corporali che detentive. Così, con la *Déclaration* del 6 dicembre 1707 Luigi XIV e il suo Consiglio decisero di aggravare le pene incluse nel regolamento del luglio 1681; il nuovo regolamento, articolato in venticinque punti, prevedeva un aumento delle ammende così come degli anni di galera.

Nell'agosto del 1717 venne fondata la *Compagnie d'Occident*, il cui decreto reale risale però al dicembre dello stesso anno:

> *Edit du Roy, Qui fixe à Cent Millions le fonds de la Compagnie d'Occident, pour lesquels il est créé Quatre Millions de Rentes au Denier vingt-cinq ; Sçavoir, Deux Millions sur la Ferme du Controlle des Actes, Un Million sur la Ferme du Tabac, & un Million sur celle des Postes.*
> *Et qui porte qu'on ne pourra saisir à la Compagnie, ni entre les mains de ses Directeurs, Caissiers, Commis & Preposez, les effets de ladite Compagnie, ni les Actions & profits des Actionnaires, si ce n'est en cas de Faillite ou Banqueroute ouverte, ou de decez des Actionnaires.*[57]

L'anno dopo, nel 1718, il fondo venne aumentato da un milione a tre milioni di *livres* per la *Ferme du Tabac*, mentre la *Compagnie d'Occident* affermò il suo monopolio sul tabacco.[58] Nel 1719 la suddetta *Compagnie* assorbì la *Compagnie des Indes* e la *Compagnie de Chine*, divenendo un'unica *Compagnie des Indes*. Ma nel dicembre dello stesso anno il Consiglio decretò la soppressione del privilegio di vendita esclusiva del tabacco, sostituendolo con una tassa di diritto d'entrata su di esso.[59]

Tra il 1720 e il 1723 le *Déclarations* furono molte, si susseguirono concedendo e togliendo alla detta *Compagnie* il diritto di vendita esclusiva del tabacco. Questo avvicendarsi di eventi ci mostra come il monopolio fosse un'entrata strategica per il regno e come si cercasse di farlo fruttare il più possibile. Non per niente nell'ottobre del 1720 fu scritto un regolamento, concernente ventisette articoli, che riservava alla *Companie des Indes* il privilegio

---

51 Louis XIV, Acte Royal, 1681-07-00, Versailles, pp. 1-6.
52 M. et M. Vigié, *L'herbe de Nicot. Amateurs de tabac, fermiers généraux et contrebandiers sous l'ancien régime*, Paris, 1990, p. 553.
53 Louis XIV, Acte Royal, 1694-12-00, Versailles, p. 1.
54 *Ibidem*, p. 1.
55 *Ibidem*, p. 2.
56 Louis XIV, Acte Royal, 1696-10-16, Fontainebleau, pp. 3-4.
57 Louis XV, Acte Royal, 1717-12-00, Parigi, p. 1
58 Louis XV, Acte Royal, 1718-09-00, Parigi, p. 1.
59 M. et M. Vigié, *L'herbe de Nicot. Amateurs de tabac, fermiers généraux et contrebandiers sous l'ancien régime*, Paris, 1990, p. 554.

di vendita esclusiva del tabacco.[60] Ma ben quarantatré articoli le furono nuovamente riservati nell'agosto del 1721 quando, dopo che il privilegio fu tolto a gennaio, venne ristabilito a luglio sempre del 1721.[61]

Nel 1729 fu redatta una nuova *Déclaration* di una violenza senza precedenti: siccome il contrabbando di tabacco era ancora molto diffuso, il re e e il Consiglio decisero di applicare la pena di morte: in caso fossero stati trovati cinque o più contrabbandieri armati sarebbero stati puniti con la pena capitale, in caso fossero stati non armati o in numero inferiore sarebbero stati condannati alle galee per cinque anni.[62] Questo regolamento rimase in vigore fino al 1744, quando vennero mitigate le pene: la pena di morte venne riservata solo nel caso in cui il contrabbandiere fosse risultato colpevole per tre volte. Per i primi due richiami ci si sarebbe limitati alla marchiatura con le lettere "G. A. L." e a scontare la pena sulle galee.[63]

Dato che in alcune province era possibile coltivare il tabacco, alcuni abusarono della buona volontà del re e iniziarono a importare tabacco dagli stranieri, per migliorare la qualità o comunque per rivenderlo. Ragion per cui venne scritta una «Declaration du Roy, Qui ordonne la perception d'un Droit de trente sols par chacune livre de size once, sur tous le Tabacs étrangers qui entreront dans le royaume pour autre destination que pour celle de la Ferme générale. Donnée à Marly, le 4 Mai 1749.»[64]

Nel 1758 imperversava la guerra dei Sette anni, che vedeva contrapposti *in primis* la Francia contro l'Austria, così il Re dovette chiedere uno sforzo economico al suo popolo; ragione per cui venne redatta la «Déclaration du Roi, Qui ordonne la perception des Quatre Sols pour livre sur les différentes espées de Tabacs: Et ordonne en même temps que le Tabac sera vendu par tout le royaume au poids de marc. Donnée à Versailles le 24 Août 1758».[65] Venne quindi deciso di aumentare il prezzo del tabacco: «Et nous nous y sommes déterminée d'autant plus volontiers, que cette partie de nos revenus résulte que d'une consommation volontaire & superflue»[66]. Dato questo fatto il re chiese che in aggiunta al prezzo già stabilito del tabacco, si aggiungessero per 10 anni «quatre sols pour livre, ou le cinquiéme en sus du prix principal. Déduction faite sur les tabacs ficelés, des deux sols par livre pesant»[67]. Il decreto sarebbe stato valido dal primo ottobre seguente. Continuava:

> *Voulons que les tabacs de toutes espèces, en corde, & filés, soient également livrés et vendus au poids de marc dans toutes les provinces de notre royaume, même dans celles où in se sert du poids de table ou autres poids locaux ; dérogeant à cet égard à la déclaration du premier août 1721. N'entendons assujétir à ladite augmentation de quatre sols pour la livre, les tabacs de cantine que l'Adjudicataire doit fournir à nos troupes, et dont les prix continuera de lui être payé sur les même pied qu'il l'a été jusqu'à present.*[68]

Questa sovrattassa rimase in vigore fino al 1774, anno in cui Luigi XV morì e salì al trono Luigi XVI. Il nuovo Re attese fino al 1776 prima di promulgare la «Déclaration du Roi, Qui renouvelle les dispositions des anciennes Ordonnances, rendues pour empêcher la Contrebande. Donnée à Versailles le 2 Septembre 1776».[69] Questa *Déclaration* favoriva principalmente coloro che operavano per conto del Re, piuttosto che per impedire il contrabbando: si vietava di insultare, sia verbalmente che per iscritto, i Fermiers e chi ne faceva le veci, pena l'arresto.[70]

Nel 1777 si ebbe il primo atto reale riguardante il tabacco e la salute dei cittadini: la colorazione grigio-verde prodotta dal piombo risultò essere causa di malattia per le persone, motivo per cui si vietò di rivestire le tabacchiere e gli altri contenitori del tabacco con piombo per salvaguardare la salute delle persone. Era stato commissionato uno studio apposito:

---

60 Louis XV, Acte Royal, 1720-10-17, Parigi.
61 Louis XV, Acte Royal, 1721-08-01, Parigi.
62 Louis XV, Acte Royal, 1729-08-02, Versailles, p. 1.
63 Louis XV, Acte Royal, 1744-02-15, Versailles, p. 2.
64 Louis XV, Acte Royal: 1749-05-04, Marly, p. 1.
65 Louis XV, Acte Royal, 1758-08-24, Versailles, p. 1.
66 *Ibidem*, p. 2.
67 *Ibidem*, p. 2.
68 *Ibidem*, p. 3.
69 Louis XVI, Acte Royal, 1776-09-02, Versailles, p. 1.
70 *Ibidem*, pp. 1-6.

> Le rapport de sieurs Liutaud, notre premier Médicine, de Lassonne notre premier Médicin en survivance, et celui du sieur Macquer Médicin de la Faculté de Paris, ensemble les observations du sieur Cadet le juine, Maître en Pharmacie et Professeur de Chymie de l'Ecole Vétérinaire[71].

Nel frattempo i debiti dello Stato aumentavano, così che nel 1781 il Re decise di aumentare le tasse sul tabacco:

> Le prix du Tabac sera augmenté de Quatre Sols par Livre, poids de marc, dans nosdits Duchés de Lorraine et de Bar, Terres et Seigneuries en dépendantes; sans néanmoins que ladite augmentation puisse avoir lieu pour les Tabacs de Cantine qui seront délivrés à nos Troupes.[72]

Nel 1782 vennero divulgate delle «Lettres Patentes du Roi» in cui si vietava l'uso dei cani mastini per il contrabbando di tabacco. Si vietava, pena 200 lire di ammenda per la prima volta e con una maggiorazione per le seguenti, a tutti gli abitanti della *Ferme* «de nourrir & vendre aucuns chiens mâtins, propres à servir à la fraude du Sel et du Tabac; ordonnons à tous ceux qui en ont de cette espèces, de s'en défaire dans la quinzaine, après la publication des présentes.»[73] Non si vietava però ai contadini e coloro che conducevano il bestiame di avere un numero sufficiente di cani per il loro lavoro.[74]

Gli ultimi atti prima della Rivoluzione si ebbero nel 1785, quando venne siglato un accordo con Mr. Morris, americano, per accordargli un privilegio quasi esclusivo della fornitura di tabacco. Nel 1786, invece, venne siglato l'ultimo regolamento in opposizione ai contrabbandieri.[75]

La Rivoluzione cambierà completamente la visione francese del tabacco e non solo di quello.

---

71 Louis XVI, *Acte Royal*, 1777-06-13, Versailles, p. 2.
72 Louis XVI, *Acte Royal*, 1781-12-00, Versailles, p. 5.
73 Louis XVI, *Acte Royal*, 1782-05-07, Versailles, p. 2.
74 *Ibidem*, pp. 2-3.
75 Louis XVI, *Acte Royal*, 1786-08-19, Versailles.

2.2. I PROGETTI RIVOLUZIONARI

Durante le Assemblee del periodo rivoluzionario venne a più riprese preso in considerazione il problema della coltivazione del tabacco all'interno del reame. Fino al 1789 era sempre stato vietata, se non in alcune aree definite, la coltivazione del tabacco. Nel 1791 con il decreto del 20 marzo venne soppressa la *Ferme Générale* e successivamente, il 27 marzo dello stesso anno, venne ratificata la legge «relative à la liberté de cultiver, fabriquer et débiter le tabac dans toute l'étendue du Royaume»[76]. Questa però era ancora una legge dell'Assemblea Nazionale, poiché necessitava la ratifica di Luigi XVI. La legge, divisa in quattro articoli, prevedeva in primo luogo la libertà di coltivare tabacco, fabbricarlo e venderlo, mentre l'importazione di tabacco straniero rimase proibita. Si poteva importare solo attraverso determinati porti e pagando una tassa di venticinque *livres*.

Prima ancora della Rivoluzione, alla convocazione degli Stati Generali l'8 agosto 1788, vennero redatti i *cahiers de doléances*, nei quali molti lamentarono il prezzo del tabacco e proposero che, con i giusti accorgimenti, si sarebbero potuti evitare sprechi di denaro e in parte così risanare il deficit statale, semplicemente abolendo la Ferme o liberalizzando la coltivazione del tabacco. Ma purtroppo, almeno per il momento, rimasero solo lamentele e nulla più.

Successivamente, dopo gli eventi del luglio 1789, molti progetti a tal proposito furono presentati all'Assemblea Nazionale. Vedremo ora i più significativi.

Per spiegare con precisione perché il sistema in uso fino alla Rivoluzione non fosse considerato adeguato, mi rifarò a un *Rapport* stilato per l'Assemblea Nazionale. Il *Rapport fait au nom du Comité de l'imposition, concernant le revenu public provenant de la vente exclusive du Tabac* per prima cosa riassunse la storia della *Ferme du Tabac*, il punto focale erano i costi: era dispendiosa poiché era stato mobilitato un intero "esercito" per osteggiare il contrabbando. Ma una delle domande a cui si voleva rispondere era «Quels sont les effets de l'impôt dont il s'agit et de son régime sur la liberté et la propriété ?»[77] La risposta fu lunga e articolata. L'imposta in sé colpiva la proprietà in quanto pretendeva dai ricchi e dai poveri una stessa tassa sul consumo del tabacco, quindi non basata sul censo; si andava quindi a tassare in egual modo una spezia che dava ugual soddisfazione sia al ricco che al povero.[78] Inoltre il regime dell'imposta violava la proprietà: non essendo strettamente necessaria era dunque inutile, e quindi un attentato alla proprietà; vietando la coltivazione del tabacco era interdetta la possibilità di trovare lavoro in agricoltura e di poter trarre profitto, diminuendo così anche il valore di quelle terre che potevano essere utilizzate al meglio coltivandole a tabacco.[79] Infine i sopralluoghi dei *Fermiers* avrebbero potuto portare alla luce quei procedimenti di lavorazione del tabacco che i privati cittadini avrebbero potuto voler tenere nascosti sia al fisco che a eventuali concorrenti.[80] Come ultima ragione la tassa sul tabacco ledeva la libertà: impediva 3 tipi di lavoro che potevano essere applicati a questa merce in modo utile e legittimo (lavoro agricolo, lavoro manifatturiero e lavoro mercantile); autorizzava i sopralluoghi senza preavviso; metteva i cittadini alla mercé dei malfattori e alla cattiveria di chi volesse nascondere il tabacco nelle loro case o nelle loro dispense; poneva i cittadini alla mercé di chi era interessato a qualunque costo a trovare i malfattori, anche abusando del proprio potere; le pene erano sproporzionate ai delitti commessi; i cittadini colpevoli venivano poi portati davanti ai tribunali con principi d'iniquità evidente; il corpo delle leggi riguardanti il contrabbando del tabacco era ormai così voluminoso e complicato che era a sfavore di chi aveva una cultura limitata; infine, dato che questi provvedimenti mostravano il guadagno che si poteva trarre, sia in termini legali che in termini economici, dal contrabbando, si istigavano i cittadini a compiere azioni illecite.[81] In conclusione la classe che godeva dei privilegi era una minima parte del popolo, cioè i ricchi, come spesso accadeva.[82] Per questo motivo era impossibile, alla luce dei nuovi ideali rivoluzionari, pensare di mantenere in vita la privativa.

Uno dei primi rappresentanti a trattare del tabacco in Assemblea e presentare un progetto fu Stanislas C. Mittié col suo *A l'Assemblée nationale. Plan de suppression des Fermiers Généraux, des Receveurs Généraux des Finances, et*

---

76 M. et M. Vigié, *L'herbe de Nicot. Amateurs de tabac, fermiers généraux et contrebandiers sous l'ancien régime*, Paris, 1990, p. 515.
77 Assemblée National, *Rapport fait au nom du Comité de l'imposition, concernant le revenu public provenant de la vente exclusive du Tabac*, Paris, 1790, p. 8.
78 Ibidem. p. 8.
79 Ibidem, p. 8.
80 Ibidem, pp. 8-9.
81 *Ibidem*, p. 9.
82 Ibidem, p. 10.

avantages inappréciables de rendre le Sel & le Tabac marchands, ce qui est le vœu des Peuples[83]. L'idea di Mittié era di sostituire i Commissari con gli agenti del Fisco. I primi erano troppo avvinti all'interesse personale e a quello del Re, i secondi «son moins, ou trés-peu au fait des affaires de finance, et ceux qui ne les entendent point du tout chargent leurs Chefs de Bureaux, de faire tout le travail de leur département»[84]. È vero che i primi erano più istruiti, ma erano anche più costosi per lo Stato e, come già sottolineato, guardavano più al loro tornaconto che a quello del popolo.

Altri, come Robert De Morainville sostenevano invece l'idea di dover mettere semplicemente un'imposta sul tabacco in entrata e evitare le perquisizioni e i sopralluoghi che avevano un costo troppo elevato e non facevano altro che aumentare il deficit dello Stato.[85] Uno dei primi che prese in considerazione la possibilità di liberalizzare la coltura del tabacco in Francia fu Louis-Henri Duchense, nel suo testo *Projet d'imposition juste et facile, propre à suppléer au déficit qu'occasionnerait dans les revenus du Roi la suppression des Traites intérieures des Gabelles, du Tabac et des Impôts mis sur les Cuirs*. Per prima cosa sostenne che:

> *On doit distinguer entre la ferme du sel & celle du tabac, que l'une est de luxe, l'autre de besoin, non absolu, mais peu s'en fait. Si, en conservant le prix imposé au tabac, on peut épargner, et les moyens révoltans et les frais prodigieux employés pour éviter la contrebande ; si on peut faire tourner toute cette économie et les profits des fermiers à l'avantage du public, alors ce sera le luxe qui soulagera l'impôt territorial.*[86]

Un anonimo deputato, purtroppo non c'è il nome sulla fonte, scrisse un libello dal titolo *Considérations sur le tabac* nel quale spiegava molto chiaramente il problema delle dogane. C'erano 4 specie di diritti, non solo in Francia ma in tutta Europa: il primo entrava in vigore al momento dell'ingresso di una merce nel Regno e si trattava di un'imposta su ogni tipo di merce; il secondo era riscosso all'entrata nelle città, e si applicava a vini, bevande, bestiame, legno e foraggiamento; il terzo diritto era concernente la consumazione di vini e bevande vendute al dettaglio, e con esso venivano riscosse le accise sulla fabbricazione di alcune bevande; infine il quarto era relativo al commercio su scala interna del cibo, della maggior parte dei vini e delle bevande, quest'ultimo è chiamato diritto di timbro in Inghilterra.[87] Dopo questa introduzione legale, il deputato spiegava come le leggi riguardanti il contrabbando si fossero inasprite eccessivamente.[88] Infine riportò il suo progetto di decreto concernente il tabacco: come altri, egli sosteneva il monopolio nazionale del tabacco, ma voleva vietare completamente la coltivazione del tabacco: nei territori dove era sempre stata concessa la coltura i possessori di piantagioni di tabacco avrebbero dovuto diminuirla di un sesto ogni anno, così che si sarebbe completamente esaurita entro il 1796.[89]

Molti progetti furono presentati all'Assemblea Nazionale: alcuni erano simili a quello che ho appena analizzato, altri erano diametralmente opposti, come il *Projet de décret proposé par le comité de l'imposition, et concerté avec le comité d'agriculture et de commerce; relativement à la partie du revenu public établie sur la consommation du Tabac* presentato all'Assemblea nel 1790. Quest'ultimo prevedeva la libera coltivazione del tabacco in tutto il Regno e la possibilità di vendere il tabacco al dettaglio o all'ingrosso. Sarebbe stato vietata l'importazione del tabacco straniero già lavorato e, per quanto concerneva l'importazione del tabacco in foglie dall'estero, sarebbe stata gestita esclusivamente dal monopolio.[90]

I progetti sul tabacco si susseguirono e si alternarono con trattati sulla coltivazione del tabacco fino al 1792. Un ultimo scritto sono le *Observations sur le débit du Tabac, après la suppression du privilége, Relatives à l'intérêt & la santé*

---

[83] S. Mittié, *A l'Assemblée nationale. Plan de suppression des Fermiers Généraux, des Receveurs Généraux des Finances, & avantages inappréciables de rendre le Sel & le Tabac marchands, ce qui est le vœu des Peuples*, Paris, 1789, p. 1.
[84] *Ibidem*, p. 2.
[85] R. de Morainville, *L'Union des trois Ordres et la Poule au pot, ou Moyens de remplir le déficit et assurer l'extinction totale des dettes de l'État, sans nouveaux impôts, et de supprimer, dès-à-présent, dans tout le royaume, les tailles, fouages, affouages et afflorinemens, la capitation, les douanes et traites intérieures, toutes les loteries, les grandes et petites gabelles, la vente exclusive du tabac et les devoirs de Bretagne*, Paris, 1789, pp. 63-64.
[86] L. H. Duchesne, *Projet d'imposition juste et facile, propre à suppléer au déficit qu'occasionnerait dans les revenus du Roi la suppression des Traites intérieures des Gabelles, du Tabac et des Impôts mis sur les Cuirs*, Paris, 1789, p. 13.
[87] Ignoto, *Considérations sur le tabac*, Paris, 1790, p. 3.
[88] *Ibidem*, p. 11.
[89] *Ibidem*, p. 38.
[90] Assemblée Nationale, *Projet de décret proposé par le comité de l'imposition, et concerté avec le comité d'agriculture et de commerce; relativement à la partie du revenu public établie sur la consommation du Tabac*, Paris, 1790, p. 1.

des Citoyens, scritto da Jean-Joseph Menuret che ricoprì la carica di «Médecin des Écuries du Roi»[91] tra il 1789 e il 1792. L'incipit del testo è significativo:

> *Le Tabac sera-t-il cultivé librement ? Sera-t-il manufacturé & debité de même ? O liberté ! brillant & dangereux appanage de l'homme, puisse le rétablissement de ton Empire n'être marqué que par bien & ne pas entraîner de maux graves ! puissent l'ordre, la paix, la douce paix & la suomission se concilier avec la jouissance des tes bienfaits !*[92]

L'autore era certamente uomo di cultura, tanto che per giungere a parlare dell'imposta fece prima un lungo excursus su come arrivò il tabacco in Francia e a chi e cosa si dovette la sua diffusione. Niente ne impedì la diffusione, neanche le imposte, ma il clima politico era cambiato e libertà era la parola d'ordine:

> *[...] si la liberté consiste dans l'exercice de ce qui ne porte aucun dommage aux autres ; si l'exploitation d'un champ en Tabac n'altere pas l'air; si elle n'empêche pas le voisin d'avoir du bon blé, il semble que sa culture ne devroit pas plus être contrariée que celle des choux, & sur-tout qu'elle ne devroit pas l'être dans Département plutôt que dans un autre. L'intérêt personnel garantiroit sans doute des excès & des abus qui pourroient compromettre les subsistances essentielles, & d'ailleurs l'administration a toujours un droit de police & de surveillance & sur-tout des moyens puissans de repression dans l'assiete & la répartition des impôts.*[93]

Come altri testi che ho avuto occasione di analizzare, anche il dottor Menueret spiegò come coltivare il tabacco:

> *Il en est qui sont du ressort du Cultivateur & que son intérêt concourant avec l'intérêt public, l'engage à ne pas négliger. Ses premieres attentions, après que la plate a été semée, transplantée dans terreins convenablement disposés, sont lorsqu'elle est en coupant le sommité des tiges, une plus grande élévation & la fleuraison ; il doit en second lieu sacrifiant l'abondance à la bonté, arracher les feuilles les plus basses, toujours plus ou moins altérées. Il faut ensuite pour les couper, connoître & prendre bien à propos le moment de l'exacte maturité, choisir un temps convenable pour procurer sur le sol une exsiccation graduée & modérée, les transporter dans des cases, les empiler, les presser même, de maniere qu'elles puissent éprouver une légere fermentation ; les suspendre dans des hangards aérés, qu'on nomme Sueries, pour y subir à l'abri de la pluie & du soleil, une autre exsiccation ; quand elle est suissisamment faite, on sépare les feuilles des tiges, on en lie ensemble sept à huit, plus ou moins, suivant l'usage du pays, avec feuille roulée pour former des manoques, qu'on envoie dans des Tonneaux, Boucaux ou Merrains, à la Manufacture ; les soins, l'exactitude & l'intelligence sur tous ces points, peuvent augmenter a qualité & la valeur du Tabac & en faciliter le débit ; le Manufacteur exercé les reconnoît & les apprécie.*[94]

Sostenne che la salute poteva essere compromessa se non ci si fosse attenuti a queste direttive in questo frangente della lavorazione del tabacco.[95] Durante l'operazione definita «épalourage», che consisteva nell'aprire a una a una le foglie per togliere la terra, si poteva simultaneamente suddividere le foglie in base alla loro qualità.[96] La seconda operazione era la «mouillage» che consisteva nel ridare un po' di flessibilità e umidità alla foglia, attraverso «l'eau bien pure à laquelle on ajoute un peu de Sel, est celle qui est plus d'usage dans les Manufactures de France»[97]. Subito dopo si passava alla fase dell'«écotage», che constava nel togliere la parte centrale della foglia senza però strapparla o alterarla, in questo passaggio era possibile eseguire un'ulteriore selezione sempre in base alla qualità.[98] Servivano delle persone che controllassero il lavoro, per questo dovevano essere preposti gli amministratori della Ferme, Ispettori e Controllori.[99] L'autore dunque non era totalmente contrario alla Ferme, bensì avrebbe voluto ricollocare gli addetti, in modo da poter coltivare un buon tabacco anche sul suolo francese così da non dover più

---

91   J.-J. Menueret, *Observations sur le débit du Tabac, après la suppression du privilége, Relatives à l'intérêt & la santé des Citoyens*, Paris, 1789-1792, p. 1.
92   *Ibidem*, pp. 1-2.
93   *Ibidem*, pp. 5-6.
94   *Ibidem*, pp. 6-8.
95   *Ibidem*, p. 8.
96   *Ibidem*, p. 8.
97   *Ibidem*, pp. 8-9.
98   *Ibidem*, p. 9.
99   *Ibidem*, p. 9.

dipendere dal tabacco importato dalle Americhe.

Si potevano poi lavorare ancora queste foglie nelle Manifatture, per donargli un po' di fermentazione prima di essere arrotolate per essere fumate o ridotte in polvere. Questo serviva per cambiare il profumo del tabacco, per migliorare la qualità e per far sì che fosse meno acre, meno narcotico e anche meno nocivo per lo stomaco e il naso.[100] Se non si fossero eseguite con diligenza queste operazioni il Tabacco sarebbe diventato ricco di principi insalubri:

> *Si les bouts son formés avec des feuilles et des rôles trop humides, ils auront plus de pesanteur, seront sujets à moisir, il y aura une altération réelle dans la quantité & la qualité ; si les débitans & les détailleurs ne répondent pas à une autorité qui puisse garantir leur fidélité, et réprimer leurs écarts, s'ils ne sont pas fixes & connus, quel sera le frein, quelles seront les bornes de leurs tricheries & de leur avidité ?*[101]

Spesso le frodi avvenivano sulla qualità del tabacco, spacciando per tabacco una polvere che tabacco non era, o modificandone il peso.[102] Dato che il tabacco veniva assunto tramite la bocca o il naso, che sono molto vicini alla testa, delicati, sensibili, pieni di ghiandole e nervi, era facile che si infiammassero o si causassero ulcere che avrebbero apportato danni anche al cervello, all'esofago, al petto e allo stomaco che erano gli organi più vulnerabili quando si usava questa spezia.[103]

Ma, tornando al punto fondamentale del trattato, come si potevano conciliare la libertà con il privilegio delle manifatture? Secondo il dottore:

> *En formant dans différentes parties du royaume des établissement nationaux, pour recevoir, acheter à des prix fixés par la Loi, travailler et préparer le Tabac en feuilles qui y seroit apporté bien conditionné ; des Régisseurs intéressés les dirigeroient et les administreroient au nom de l'état, ils en vendroient à son profit les produits et les feroient débiter et détailler par del préposés qu'ils choisiroient et garantiroient ; le prix uniformément réglé pourroit être réduit au-dessous de celui qui a lieu aujourd'hui et procurer néanmoins un bénéfice considérable au fise ; le goût et la fantaisie continueroient ainsi pour se satisfaire de payer un impôt accoutumé ; toutes les contrées seroient sûrement et sainement approvisionnées, elles ne seroient point exposées à des altérations dangereuses sur les qualités, ni à des spéculations préjudiciables de commerce.*[104]

Sarebbe servita comunque una sorveglianza rigorosa e un regolamento, le merci sarebbero state ancora marchiate e i venditori considerati garanti per lo Stato.[105] Chiedeva altresì fossero mantenute alcune leggi contro il contrabbando, specie se perpetrato da vagabondi e stabilì il prezzo del tabacco a 35 soldi a oncia per il tabacco lavorato e a 12 soldi a oncia per la vendita delle foglie.[106]

Negli anni successivi, precedenti la creazione dell'impero napoleonico, altri progetti furono presentati al Consiglio dei Cinquecento, come il *Projet de résolution présenté par monnot, pour l'établissement d'un droit à la fabrication sur le tabac* che prevedeva una tassa di dieci centesimi alla libbra come diritto d'entrata e con controllo da parte dello Stato sulle industrie manifatturiere.[107]

Infine le leggi del nuovo Stato prevedevano la liberalizzazione della coltura del tabacco e, per quanto riguardava l'importazione di tabacco straniero già lavorato, essa era proibita: era possibile l'importazione delle foglie di tabacco solo dietro il pagamento di una tassa di «30 ft.» al quintale.[108] I restanti articoli del codice concernevano le ammende contro la frode la distribuzione libera del tabacco al dettaglio.

---

100 *Ibidem*, p. 10.
101 *Ibidem*, p. 11.
102 *Ibidem*, p. 12.
103 *Ibidem*, p. 12.
104 *Ibidem*, pp. 13-14.
105 *Ibidem*, p. 14.
106 *Ibidem*, p. 16.
107 Corps législatif, *Conseil des cinq-cents. Projet de résolution présenté par Monnot, pour l'établissement d'un droit à la fabrication sur le tabac. Séance du 21 frimaire an VI*, Parigi, 1798, pp. 1-2.
108 Corps législatif. Conseil des Cinq-Cents, *Résolution sur le tabac, avec les articles additionnels non délibérés, dont le Conseil a ordonné l'impression*, Vendemmiaio anno VII (settembre – ottobre 1799), Paris, p. 2.

2.3. L'IMPERO NAPOLEONICO

Con il colpo di Stato del 18 brumaio anno VIII (9 novembre 1799) Napoleone Bonaparte[109] divenne Primo Console e iniziò una serie di riforme, portate avanti negli anni, con l'introduzione dei Codici; per quanto riguarda la politica finanziaria, rafforzò i suoi legami con la borghesia proprio tramite la stabilità monetaria e le imposte sui consumi, specialmente quelli sui beni popolari, come sale e tabacco.

Durante il periodo di governo napoleonico furono scritti alcuni trattati riguardanti la coltivazione del tabacco, dato che era in vigore la liberalizzazione delle coltivazioni di tabacco nel regno. Ancora meno, dalle fonti ufficiali, venne trattato l'argomento in campo legale. Nel 1807 fu scritto un trattato su *L'art de cultivateur et du fabricant de tabacs* da Monsieur de St-Martin, che trattava tutte le fasi della coltivazione e della lavorazione del tabacco. Il trattato esordisce con un estratto dalla legge del 1793 dove si decreta il monopolio di Stato e si sanziona il contrabbando.[110] L'introduzione del testo spiega l'argomento che sarà trattato e della difficoltà riguardanti le normative sul tabacco:

> *Le grand Art du Fabricant de Tabacs est de connaître le Tabac, et d'en savoir distinguer les différentes espèces ; de savoir faire les mélanges nécessaires pour faire de la bonne marchandise qui puisse convenir au goût de plusieurs pays ; car ils sont bien différents.*
> *Les uns usent du Tabac commun dont ils se content, pourvu qu'il ait de la force et du montant.*
> *D'autres cherchent le bon Tabac ; mais les uns le veulent gros, ceux-ci le veulent d'un grain moyen, et enfin ceux-là le desirent fin : ici on le veut doux ; et là, c'est de la force qu'on exige.*[111]

Proseguì spiegando che anche il colore e il gusto erano fondamentali e potevano cambiare a seconda dei gusti delle persone (che fossero giovani, anziani, uomini o donne). Come spesso accadde, l'autore iniziò il trattato spiegando come e quando fosse arrivato il tabacco in Francia, chi furono i suoi sostenitori e i suoi, pochissimi, detrattori. In seguito, come abbiamo visto, illustrò i metodi della coltivazione e della lavorazione del tabacco nelle aree del reame in cui il tabacco fu coltivato fin dall'Ancien Régime, confrontandolo con quello che invece veniva importato dall'America.

Antoine-Alexis Cadet de Vaux nel 1810 scrisse un approfondito trattato sulla coltivazione del tabacco, confrontando i metodi che all'epoca erano utilizzati in Francia con quelli di altri Paesi, come ad esempio l'Olanda, e sulla lavorazione delle foglie. L'autore spiegava questo interesse in quanto, essendo un'epoca di grandi conquiste quella che stava vivendo la Francia, dato l'uso diffuso del tabacco era conveniente che sul suolo di Francia così come nel resto dei territori conquistati si coltivasse il tabacco per rendere ancora più ricca la Madrepatria, potendolo così esportare.[112] L'anno dopo, lo stesso autore scrisse un altro testo, una sorta di riassunto del precedente, intitolato *Instruction sur la préparation des tiges et de racines du tabac*. In questo caso l'autore si limitò a un testo, se possibile, ancora più pratico, sulla coltivazione delle varie specie di tabacco.[113]

L'interesse per questi trattati, che proseguì fino alla caduta di Napoleone nel 1815 e oltre, è molto significativa, data la liberalizzazione generale della coltivazione del tabacco introdotta con la Rivoluzione e mantenuta sotto il governo napoleonico. Si sentiva quindi la necessità di redigere trattati scientifici in grado di istruire, in teoria, i contadini. Sicuramente, con le riforme napoleoniche, molti più contadini ebbero un'elementare alfabetizzazione, ma sicuramente questi testi potevano essere più indirizzati alla borghesia proprietaria terriera che avrebbe intrapreso questa tipologia di coltivazione più che al contadino che effettivamente avrebbe lavorato la terra.

Questo ordinamento fu valido dal 22 brumaio anno VII fino al 1811. Nel 1811 il Governo impose un nuovo regime: con il decreto del 29 gennaio 1810 la vendita di tabacco all'ingrosso e al dettaglio passava al governo, quindi divenne monopolio di Stato. Per questo fu scritto l'*État nominatif de MM. les débitants de tabac* relativo all'anno 1811 allegato al calendario del suddetto anno. Chi non fosse stato iscritto in questo albo non avrebbe avuto il permesso di vendere tabacco nell'Impero ed esportarlo. Di seguito si può vedere l'*État* del 1811 relativo al dipartimento della Senna.

---

109 Ajaccio, 1769 – Sant'Elena, 1821.
110 M. B. de St-Martin, *L'art de cultivateur et du fabricant de tabacs*, 1807, Parigi, p. IV.
111 *Ibidem*, p. VII.
112 A.-A. Cadet de Vaux, *Traité de la culture du tabac, et de la préparation de sa feuille, réduites a leurs vrais principes*, 1810, Parigi.
113 A.-A. Cadet de Vaux, *Instruction sur la préparation des tiges et de racines du tabac*, 1811, Parigi.

In molti si chiesero se questo fosse un buon espediente o non avrebbe invece diminuito le entrate dello Stato. Tra questi, il testo più eloquente fu quello di Jean-Baptiste-Louis-François Delamare dal titolo *Des Tabacs*. L'autore *in primis* si chiedeva se

> *Est-il de l'intérêt du gouvernement de rendre au commerce la fabrication et la vente des tabacs, en se réservant la perception des droits qu'il en retirait précédemment ? L'intérêt public exige-t-il, permet-il cette mesure ? Dans le cas où la fabrication et la vente des tabacs ne seraient pas rendues libres, le gouvernement doit-il mettre en ferme ou en régie intéressée cette branche de ses revenues, ou laisser subsister l'administration telle qu'elle est établie?*[114]

Secondo la sua opinione prima del 1811, il libero commercio del tabacco consentiva allo Stato di percepire i diritti di vendita all'ingrosso e al dettaglio, che fruttavano una somma di circa 22,000,000 di franchi. I costi di sorveglianza erano un quinto della somma quindi 4,400,000, per un reddito netto di 17,600,000.[115] Questo non sarebbe stato più in vigore dopo il 1811, dove le entrate sarebbero diminuite ulteriormente aumentando quindi il deficit statale.

Infatti, essendo prima i dipartimenti 115, quando il territorio francese venne ridotto a soli 88 dipartimenti, si verificò una perdita di circa 5,200,000 franchi, ovviamente facendo una media però tra i vari dipartimenti e i loro abitanti rimasti e persi per via dei trattati. Quindi si poteva sperare in un reddito di 13,400,000 franchi all'anno.[116] Era auspicabile quindi fare economia e arrivare a 14 milioni, ma non era sufficiente. Il ministro presentò allora alla camera dei deputati una previsione di 25 milioni di franchi derivanti dai diritti del tabacco. Anche ammettendo di poter rimettere gli antichi diritti sulla vendita del tabacco, ci sarebbe stato un deficit di 11 milioni.[117] L'unica soluzione, per Delamare, per colmare il deficit era di creare delle obbligazioni.[118] In questo modo, cioè facendo tornare in vigore il monopolio di stato e attraverso le obbligazioni, conclude, sia l'interesse del governo che dei governati saranno ottemperati; infatti lasciare gestire a terze parti, ossia ai *fermiers*, le entrate ricavate dalle tasse sul tabacco, come avveniva in Ancien Régime, farebbe ricadere lo Stato nell'abisso del deficit. L'idea però non ebbe un seguito.

---

114   J.-B.-L.-F. Delamare, *Des Tabacs*, Paris, 1814, p. 3.
115   Ibidem, p. 4.
116   Ibidem, pp. 4-5.
117   Ibidem, p. 5.
118   Ibidem, p. 13.

IL PUNTO DI VISTA MEDICO

3.1. INTRODUZIONE ALLA MEDICINA MODERNA

Prima di addentrarmi nello specifico degli usi medicinali del tabacco e di analizzare gli scritti di coloro che ne furono favorevoli, devo soffermarmi su alcuni concetti riguardanti il corpo umano considerati dalla medicina dal 1625 agli inizi del XIX secolo. L'anno 1625, data di inizio del periodo considerato nella mia tesi, fu l'anno di pubblicazione del primo trattato sul tabacco in lingua francese, nello specifico *Traicté du tabac* di Johann Neander. Come data termine è stato scelto il 1815, anno canonico di fine di Ancien Régime con la caduta di Napoleone.

Le conoscenze mediche dell'epoca si rifacevano a quelle di Ippocrate[119], sviluppate in seguito da Galeno[120], basate sull'esistenza di quattro temperamenti ai quali corrispondono quattro umori differenti. Per spiegarmi al meglio riassumo tutto in una tabella[121]:

UMORE	ORGANO	QUALITÀ	TEMPERAMENTO
Sangue	Cuore	Caldo umido	Sanguigno
Catarro o Flemma	Cervello	Freddo umido	Flemmatico
Bile gialla	Fegato	Caldo secco	Bilioso
Bile nera	Milza	Freddo secco	Melanconico

L'umore era il liquido il cui eccesso o la cui mancanza determinava un alteramento del normale equilibrio corporeo; l'organo era nello specifico la parte del corpo su cui agiva l'umore; la qualità si riferisce a come era classificato l'umore e infine il temperamento era il risultato visibile del comportamento dell'essere umano nel momento in cui c'era eccesso di un determinato fluido. Se si manteneva un equilibrio tra i quattro umori il corpo era in salute; al contrario, quando uno degli umori era in eccedenza rispetto agli altri, il corpo era malato; a seconda dell'umore eccedente si riscontravano diverse malattie. Come ben ci spiega Schivelbusch, studioso di storia culturale in Germania, lo schema quadripartito è solo il punto di partenza, infatti

> Partendo dalle linfe corporee e dai temperamenti, lo schema quadripartito si può allargare all'infinito. Esso serve a determinare punti cardinali, stagioni, età delle persone, generi alimentari etc., a loro volta indicabili con particolari caratteristiche e quindi associabili a un determinato temperamento, fluido corporeo etc. In breve, lo schema quadripartito rappresenta il tentativo di una medicina universale che intende il corpo umano come parte di tutto il cosmo naturale e a esso strettamente connesso.[122]

I metodi per riequilibrare l'organismo erano plurimi: impacchi, impiastri, decotti, succhi, oli e sciroppi da applicare o somministrare al malato; erano prodotti a volte in casa e a volte dal medico stesso o dal droghiere, mescolando varie erbe e sostanze in base alla malattia diagnosticata.

Nei testi analizzati ho riscontrato numerosissimi casi in cui il tabacco veniva usato come elemento base o come una delle numerose sostanze impiegate per le più disparate malattie. Oltretutto il tabacco aveva la particolarità di poter essere fiutato, fumato e in alcuni casi masticato (ma quest'ultima è una pratica che prevarrà nel Nuovo Mondo; in Europa non si diffuse molto, in special modo tra la nobiltà).

La maggioranza dei medici erano favorevoli al tabacco: nel lasso di tempo che ho preso in considerazione (1625-1815) ho potuto constatare che nove trattati su undici fossero favorevoli all'uso medicamentoso del tabacco.

---

119 Isola di Kos 460 a.C. circa – 370 a.C. circa.
120 Pergamo 129/130 d.C. – 200 d.C. circa.
121 M. et M. Vigié, *L'herbe à Nicot. Amateurs de tabac, fermiers généraux et contrebandiers sous l'ancien régime*, Paris, 1990, p. 26.
122 W. Schivelbusch, *Storia dei generi voluttuari. Spezie, caffè, cioccolato, tabacco, alcol e altre droghe*, Milano, 1999, p. 51.

In questo capitolo mi accingo ad approfondire la prima tipologia di testi, ovvero quelli di coloro che erano a sostegno dell'uso terapeutico di tale sostanza.

3.2. BOTANICI PRIMA DI MEDICI

Durante la prima parte dell'Età Moderna molti medici che si occuparono del tabacco erano anche botanici. Questo lo si deve al fatto che tale pianta fu per prima cosa studiata come pianta ornamentale, e solo in seguito furono studiate le sue proprietà curative.
Altro fattore da tenere in considerazione è sicuramente il fatto che la medicina si basava principalmente, se non quasi del tutto esclusivamente sull'utilizzo di varie piante, frutti e altri elementi rintracciabili in natura.

3.3. L'INCIPIT

La quasi totalità dei testi scientifici dedicati al tabacco iniziano con la spiegazione del nome (problematica che abbiamo già affrontato, *supra* 2) e proseguono con l'illustrazione delle specie di tabacco. Johannes Neander fu il primo a trattare questa suddivisione, differenziandolo in 3 specie:

1. Grande e con foglie larghe, detto anche *Masle*;
2. Grande ma con foglie strette, detto *Femelle*;
3. Piccolo tabacco.[123]

Il tabacco più utilizzato e che sarà sempre al centro di tutte le dissertazioni è quello della prima specie, il Masle, ovvero il Maschio.
La tripartizione sopracitata verrà ripresa da Johannes Chrysostomus Magnenus nel 1658 col testo *De Tabaco Exercitationes quatuordecimus*, da Jean Le Royer Prade nel 1668 nel suo *Discours du Tabac* e nel suo *Histoire du tabac, où il est traité particulierement du tabac en poudre* del 1677 ed infine Pierre-Joseph Buc'hoz nel 1788 con le sue *Dissertations sur le tabac, le café, le cacao et le thé*. Gli unici che invece proposero una divisione bipartitica delle specie (cioè solo le prime due dell'elenco precedente) furono Georg Friedrich Medicus e Leonard Ferdinand Meisner nel testo *Anacrisis medico-historico-diaetetica seu Dissertationes quadripartitae de caffe et chocolatae, nec non de herbae thee ac nicotianae natura*.
I testi proseguono con una descrizione fisica della pianta, delle sue foglie larghe e del tipo di fiori che produce. Ferrant ne dà una descrizione breve ma precisa:

> *La première dite le grand Tabac male, lequel a les feuilles très-grandes, très-longues et très-larges, de couleur verte, bourvës, onctueuses, principalement lorsque la plante est dans sa perfection, et qu'elle est branchuë avec les fleures qui sont de couleur pourprine et contenuës comme dans un petit Pannier, Calice ou gobelet, tirantes aucunement sur le vert, elle a trois coudées d'hauteur on environ.*
> *La seconde et moyenne est plus petite, et a feuilles plus courtes et plus estroittes, ses fleurs sont semblables.*
> *La troisiesme est du tout dissemblable des deux premieres, soit en couleur, soit en figure, soit en grandeur, soit en fleurs : car les fueilles sont d'un vert plus brun courtes, quasi comme rondes, grasses, et plus succulentes, ses fleurs jaulnatres, et retire en quelque façon à la Morelle, neantimoins elles ne sont pas si dissemblables en leurs qualitez, comme en leurs figures.*[124]

3.4. IL TABACCO: SOSTANZA CALDA E SECCA

Il primo problema che fu approfondito dai trattatisti fu la collocazione del tabacco come tipo di sostanza. La catalogazione di ogni elemento si rifaceva alla quadripartizione studiata precedentemente: caldo, freddo, secco e umido; ogni elemento doveva essere descritto da due aggettivi. Neander fu il primo a dare una definizione al problema: il tabacco è caldo e secco[125]. Questo è il punto di partenza fondamentale di tutta la mia tesi. A partire

---

123 J. Neander, *Traicté du tabac*, Lione, 1626, p. 10.
124 L. Ferrant, *Traité du Tabac en Sternutatoire*, Bourges, 1655, pp. 17-18.
125 J. Neander, *Traicté du tabac*, Lione, 1626, p. 18.

▲ Il nano Piperouk rappresentato come direttore di una società di tabacco, Martin Engelbrecht, inizio XVIII secolo (Riikmuseum Amsterdam)

da questa definizione i medici potevano decidere di usare il tabacco come rimedio per tutte quelle malattie che prevedevano un eccesso di umori freddi e umidi, ossia flemmatico o catarroso. Dato il grado di calore che produce il tabacco, Bauhinus[126] sostiene «en croit de même, à cause de la faculté narcotique de cette plante, et du rapport qu'elle a avec le Iusquiame»[127].

Jean Ostendorpf nella sua opera torna ad analizzare questo punto aggiungendo, nella sezione *De l'abus du Tabac*[128], che il tabacco, proprio in quanto medicinale, ha delle controindicazioni data la sua natura calda e secca. I più predisposti all'abuso del tabacco sono i biliosi, i sanguigni, i giovani, i francesi, gli italiani, gli spagnoli e gli etiopi. Se si fuma troppo tabacco si surriscalda il corpo e questo provoca febbri e altri malanni simili, specie nei soggetti citati in quanto già di temperamento caldo per natura.[129]

Non bisogna abusare del tabacco neanche quando si beve vino o birra o mentre si mangia perché «laquelle chaleur attirée introduit une grande crudité d'estomac et indigestion»[130].

Non va bene fumare in inverno perché «les pores et les sutures du crane s'oppilent, et les fumées du Tabac et celles qui s'eslevent des humeurs par la chaleur d'icelui, estant retenües et reprimées produisent des doleurs de teste et qui plus est à cause de leur compression»[131].

Inoltre non va bene fumare quando fa troppo caldo come in estate, perché «la fumée du Tabac ouvre les pores, et la chaleur externe s'associant avec celle du Tabac agissant fortement, attire la chaleur naturelle du cerveau comme resistant moins, et par ce moyen cause des maladies, et quelquefois la mort.»[132]

Anche Louis Ferrant nel suo *Traicté du Tabac en Sternutatoire*, tratta il problema. Ferrant era professore alla facoltà di Medicina, presso l'università di Bourges, dove il testo è anche stato stampato.

Il luminare sostiene che tutte le parti del corpo vanno curate in quanto tutte servono mutualmente a far star bene l'insieme, metafora organicistica molto diffusa all'epoca, tanto da essere impiegata anche da Hobbes nell'opera politica *Leviatano* (1651).

Inizia il trattato spiegando il funzionamento generale del corpo; nello specifico il corpo va nutrito, ma se si hanno delle indisposizioni digestive non tutto il corpo sarà nutrito in maniera adeguata. In questo modo le persone saranno troppo magre e questo testimonia il loro languore, e la frustrazione deve essere sostituita con qualcosa che dia vigore.[133]

Il cuore è il centro della vita, e quando ha dei problemi ne risente anche il resto del corpo, in quanto a esso è collegato tramite le arterie e le vene. Fornisce la vita proprio attraverso il sangue, che può trasportare dei fluidi o degli spiriti che lo fanno ammalare, e questo si vede dal cuore che modifica il suo battito e dalla febbre che pervade tutto il corpo.[134]

Il cervello, che dona il movimento e i sentimenti che sono la vita secondo Aristotele, soffre di tutte le malattie comuni al resto del corpo. Questo organo può evacuare i vari malanni con le lacrime degli occhi, col sudore, qualche volta dal sangue e infine dal palato attraverso il catarro.[135]

Il professore asserisce che il tabacco se ben usato può alleviare molte malattie, così come il suo abuso può provocarne un'infinità.[136]

A differenza dei molti che sostenevano che ciò che non era stato trattato da Ippocrate e Galeno e altri dotti personaggi non avrebbe dovuto essere usato, Ferrant sosteneva che a ragionare in tal modo la medicina sarebbe rimasta una materia sterile e senza avvenire.[137]

Anch'egli era un sostenitore del temperamento secco e caldo della foglia e delle sue proprietà soporifere e narcotiche.

Quando assunto produce una leggera irritazione, molto meno violenta rispetto a ciò che alcuni suoi

---

126 Paris, 1541 – Montbéliard, 1612, botanico.
127 J. Neander, *Traicté du tabac*, Lione, 1626, p. 18.
128 J. Ostendorpf, *Traicté de l'usage et abus du tabac*, Bordeaux, 1636, p. 11.
129 *Ibidem*, p. 11.
130 *Ibidem*, p. 12.
131 *Ibidem*, p. 13.
132 *Ibidem*, p. 13.
133 L. Ferrant, *Traité du Tabac en Sternutatoire*, Bourges, 1655, p. 14.
134 *Ibidem*, p. 14.
135 *Ibidem*, p. 15.
136 *Ibidem*, p. 16.
137 *Ibidem*, p. 16.

contemporanei sostenevano. Questa irritazione ha virtù purgative; può provocare del vomito, ma solo se il corpo è predisposto a ciò.[138]

Dopo un breve elenco di malattie a lui conosciute, Ferrant spiega che in tutte le opere di Ippocrate si trovano delle sostanze che tendono a far aumentare il calore e la secchezza del corpo in caso di necessità. Ebbene, il tabacco lo fa e lo fa da solo, senza aver bisogno di essere mischiato con altri ingredienti: «Et nous passons bien outre disant que le Tabac est plus innocent que tous ces remedes, estant moins acre et moins chaud, ce qui ne se peut mieux prouver que par un onguent que l'on eu fait pour les ulceres»[139].

3.5. METODO DI PREPARAZIONE DEL TABACCO

Per rendere sfruttabili le proprietà, questo doveva essere sottoposto a uno specifico procedimento. Neander, per esempio, nel suo trattato espone il processo. Per cominciare era necessario lavare le foglie in acqua calda (dovevano perdere tutta la linfa) oppure bollirle

(dans) du vin d'Espagne, doux et puissant, ou dans de la Malvoisie (Aucuns y adjoustent de la Cervoise de Pologne.) L'ayant soigneusement escumé vous y adjousterez du sel en suffisance pour rendre salé comme eau de mer, en apres vous y ietterez de l'anis et du gingembre subtilment pulverisez…[140]

e poi lasciate su un'asta ad asciugare. Per essere seccate del tutto dovevano essere disposte a terra così che vento e sole facessero il loro lavoro. Il succo così ottenuto si chiamava «Caldo»[141].

Invece Buc'hoz, da buon botanico quale era, dedica una parte del suo trattato alla coltivazione di questo miracolo fatto pianta.[142]

Ho trovato particolarmente interessante la parte che dedica alla consumazione del tabacco, per esempio su come poteva essere fumato:

Les robes sont les feuilles les plus longues et les plus larges, destineés à recouvrir les rolles ; on mouille les feuilles avec un balai servant d'asper soir ; de-là on lea passe à l'attelier des écôteurs ; pour ce qui est des autres feuilles, on les amasse par couche, qu'on a aussi soin d'asperger : cette mouillade se fait pour l'ordinaire à rez-de-chaussée ; on transporte ansuite les feuilles au premiere étage, où il y a plusieurs petits enfans, qui sont occupés longitudinale ; ils jettent les feuilles écôtées dans un panier, et les côtes derrière eux, qu'on rassemble pour brûler ; ce qui fait de fort bonnes cendres, qui sont même trop fortes pour lessiver le linge ; les feuilles écôtées, on en fait des boudins et on les file.[143]

Questo lavoro veniva eseguito solitamente da quattro persone, ognuna in possesso di un certo numero di foglie.

Dato che il fumo di tabacco, in Francia, non era particolarmente apprezzato per l'odore poco gradevole che lasciava, Buc'hoz s'interessa anche del tabacco da masticare:

Une longue expérience démontre que le tabac mâché est un cordial très-salutaire ; il ranime les vieillards et produit souvent de bons effets dans les obstructions mésentériques ; il ne donne d'ailleurs aucun mauvis goût à la bouche, ne gâte pas le dents et réveille l'appétit, ce qu'on ne peut pas dire du tabac fumé.[144]

In seguito l'autore illustra come veniva prodotto il tabacco in polvere e come si poteva profumare[145]. Stesso problema si poneva Ferrant: secondo lui per ogni problema risolvibile col tabacco c'erano diverse preparazioni alle quali andava sottoposto per essere armonizzato con altri aromi[146].

---

138 *Ibidem*, p. 19.
139 *Ibidem*, p. 22.
140 J. Neander, *Traicté du tabac*, Lione, 1626, p. 26.
141 *Ibidem*, p. 27.
142 P.-J. Buc'hoz, *Dissertations sur le tabac, le café, le cacao et le thé*, Paris, 1788, pp. 8-9.
143 *Ibidem*, p. 10.
144 *Ibidem*, p. 21.
145 *Ibidem*, pp. 11-16.
146 L. Ferrant, *Traité du Tabac en Sternutatoire*, Bourges, 1655, p. 26.

3.6. CURA PER LE MALATTIE CHE COLPISCONO GLI ORGANI INTERNI

Come primo punto analizzerò quelle malattie che colpiscono gli organi interni del corpo umano. Il tabacco da fiuto poteva essere utilizzato per far starnutire le persone troppo flemmatiche (quindi che avevano troppi umori umidi e freddi): la polvere andava a solleticare le membrane che dividevano il naso dal cervello e in questo modo esse venivano purgate.

> *Encore y peust-il avoir du danger en ce cas, si on n'y apporte la circonspection necessaire, ne l'employant que par necessité & par raison, & non par aucun delice, ou intemperance; la teste a besoin d'estre purgée auparavant par des sternutatoires faits de la poudre du Tabac, comme nous verrons cy apres.*[147]

Neander nel suo trattato citava un medico che lo ha preceduto, il dottor Parrius[148], il quale spiegava un modo di fumare il tabacco senza che questo provocasse troppi problemi alla salute: quello che noi oggi chiamiamo narghilè. Usando cannucce lunghe per aspirare il vapore e usando l'acqua fredda il vapore ottenuto non era né troppo caldo né troppo secco, in questo modo l'equilibrio degli umori era più facilmente conservato:

> *Les Perses & les Turcs couppent du bois d'aloës en menues pieces, qu'ils meslent parmi le Tabac & en prennent la fumée, par une long cannule de lothon (laquelle ils mettent dans de l'eau froide, à fin que la fumée ainsi raffroidie se porte plus facilement dans le cerveau).*[149]

Non c'era nulla di meglio per il mal di testa secondo Neander:

> *Revenons aux vertus du Tabac, il n'y a remede meilleur à la douleur de teste inveterée, causée de plethore ou repletion, que le suc de fueilles destrempé avec eau de vie, & tiré par le nez avec la pippe, ou bien de mascher des fuilles seches. Une tente faitte avec des fuilles seches, nise das le narines, est aussi tres-profitable, & descharge merveilleusement le cerveau. On peut aussi tirer le suc par le nez. Mais tout cecy est suspect, si la matiere morbifique est atteinte de quelque virulence venerienne, & en ce cas seroit dangereux de gaster le nez & le yeux par ces remedes. Notez qu'au male des yeux les medicamens dan le narines sont pernicieux.*[150]

Il medico ci fornì anche alcune ricette su come usare il tabacco; per esempio per curare la flemma del cervello si consigliava di fare dei gargarismi, la ricetta prevedeva:

Magister. magnetis.
Succini ann. scrupul. j.
Hæmat.
Extracti Euphorb. ann. gr.v.
Succinicotianæ drachm. ij.
Hellebori drachm, sem.
Aquæ maiorana uncias iiij.
Faittes digerer le tout dans un vaisseau bien clos, iusqu'à ce qu'il s'unisse, le remuant tous les iours: s'en voulant seruir en faut garder six gouttes dans la bouche.[151]

La polvere di tabacco ha un odore acre che spesso può dare fastidio o può essere trovato poco piacevole, la soluzione quindi era quella profumare il tabacco: «Quelques uns en ce cas meslent avec le Tabac pulverisé, la puodre que quelques aromates, comme du rosmarin, giroffe, sauge ou marjolaine»[152]. Questo metodo però doveva

---

147 J. Neander, *Traicté du tabac*, Lione, 1626, p. 73.
148 Non sono presenti informazioni biografiche a riguardo.
149 J. Neander, *Traicté du tabac*, Lione, 1626, p. 74.
150 *Ibidem*, p. 95.
151 *Ibidem*, pp. 95-96.
152 *Ibidem*, p. 97.

essere usato con cautela, in quanto si riteneva che starnutire facesse male al cervello per via della violenza dello starnuto stesso.

La profumazione del tabacco veniva ampiamente usata in Francia, ma data l'ampiezza dell'argomento dedicherò a quest'ultimo un ampio paragrafo più avanti.

Ostendorpf fece un'aggiunta a quanto scrisse Neander: una cura per il mal di testa che prevedeva di prendere

> *Cendres de Tabac et de sarment de vigne, et les mettez dans vinaigre fort, et les cuvez, les coulez, puis lavez la teste de cette lessive, puis appliquez-y cét onguent. Prenez de la poix noire, de l'urine de petite enfant, de l'alum, des bayes de laurier, de la sabine, du poivre, de l'huile de noix autant qu'il en fera besoing*[153].

La testa sarebbe guarita e senza perdita di capelli in otto giorni. Questo dimostra come alcuni rimedi precedentemente utilizzati potessero guarire da un lato ma causare danni, a volte irreversibili, per altri organi.

Le foglie di tabacco avevano anche proprietà benefiche per l'apparato respiratorio, come ci ha tramandato Ostendorpf. Se si avevano degli umori nelle narici o non si sentivano bene gli odori, bisognava applicare del tabacco in polvere. Ecco una ricetta «Prenés deux dragmes»[154] de poudre de Tabac choisi, graine[155], de nielle deux scrupules, ellebore blanc un scrupule[156]»[157]. Si mischiava il tutto e bisognava aspirarne un po' dalle narici. Da notare «dans deux heurs avec l'ayde de Dieu on s'en trouvera mieux»[158], l'influenza divina era ancora un passaggio fondamentale.

---

153 J. Ostendorpf, *Traicté de l'usage et abus du tabac*, Bordeaux, 1636, pp. 9-10.
154 Una dracma equivale a 1,7718451953125 grammi.
155 Un grano equivale a 0,06479891 grammi.
156 Uno scrupolo equivale a 1,27 grammi.
157 J. Ostendorpf, *Traicté de l'usage et abus du tabac*, Bordeaux, 1636, p. 7.
158 *Ibidem*, p. 7.

▲ allegoria del tabacco di Hendrick Goltzius, XIX secolo (Riikmuseum Amsterdam)

Approfondì l'argomento anche Ferrant. Lo scopo del metodo di Ferrant era quello di fare aumentare il calore corporeo in modo da far evacuare tutti quegli umori freddi, vischiosi e biliosi che lo rendevano malato.
Ma la cosa più difficile era stabilire come usare questo tabacco, ovvero sotto quale formato (polvere, fumo o masticatorio). Per alcune malattie, come la flemma oculare o i problemi ai polmoni, non era conveniente usare il tabacco in polvere, perché la violenza dello starnuto rischiava di peggiorare la situazione. Lo stesso valeva per il mal di denti.

> *Puisque ceux là par la violence de l'esternument appelloient les humeurs sur les yeux; et ceux-cy precipiteroient et avanceroient la cheute des humeures dans les poulmons par une trop grand attraction et irritation par le troux du Palais, et à cause de la grande facilité et communication qu'il y à su cerveau avec la poivine: pareillement sur les dents par un trop grand abord et attraction qui s'en feroit.[159]*

Ora, dato il fatto che il tabacco era caldo e secco, risultava molto dannoso prenderlo in primavera e durante l'estate, specie nei mesi di

> *Mai, Juin, Juillet, Aout : Parce que la chaleur de la saison fondasses les humeurs, et si vous venez à les parties desia affligées en plus grande quantité qu'auparavant, et même ne pourrez faire une évacuation suffisante pour l'émanon et trouble que vous exciterez : ce qui est de très grande importance dans l'usage des remèdes évacuants pour s'en servir.[160]*

Proseguendo il nostro viaggio all'interno del corpo umano, possiamo soffermarci sui problemi che potevano insorgere nella bocca, nello specifico ai denti. Riprendendo ancora il trattato del medico tedesco Ostendorpf si può trovare una ricetta per questo malanno. La ricetta prescriveva: «Prenez Tabac sec et en poudre une once[161], poudre de racine de pyretre deux scrupoles, bois de gaiac un scrupule, gingembre demi scrupule, vin bruslé, et farine de froment tamisée»[162], si faceva una massa e la si metteva sul dente dolorante e tenendola stretta in bocca il più a lungo possibile. Ecco quindi un nuovo uso del tabacco: masticarlo.
Il tabacco, da panacea miracolosa quale era, poteva apportare benefici anche all'apparato digestivo, come ci mostrò Neander.
Infatti il tabacco era altresì consigliato a coloro che soffrivano di bile e vomito: il fumo avrebbe aiutato i succhi gastrici a non essere vomitati, ma digeriti[163]. Viceversa, non andava bene per chi soffriva di mal di stomaco.
Platone per gestire i fluidi corporei consigliava il vino, ma il tabacco era, secondo Neander, nettamente meglio, in quanto più caldo e anche l'odore stesso, del tabacco, aiutava a stare meglio. Spiega il dottore il perché della sua scelta:

> *Que si Platon a defendu le vin aux ieunes gens, parce qu'il remplit le cerveau de vapeurs par sa chaleur excessive, & eschauffe par trop le corps; en sorte que son usage ne peut que grandement offencer & le corps & l'esprit : & s'il ne faut accorder le vin aux ieunes gens, parce qu'il rend le corps plus enclins à la cholere, & à la luxure, & habete grandement & confond la raison, la fumée du tabac ne cause-elle pas mesmes incommoditez avec plus efficace ? le vin est chaud & humide ; le Tabac le surpasse en chaleur; & c'est de cest excez qu'il tient son odeur forte, avec une saueur coorosive: de plus, au lieu que la chaleur du vin est joincte à une humidité, cette-ci est accompagnée d'une siccité grande.[164]*

Il problema medico riguarda gli umori corporei; quindi ad esempio per la diarrea può essere utile o meno fumare a seconda del fatto che probabilmente si avevano troppi umori di un tipo e troppo pochi dell'altro. Infatti il fumo aggrediva l'umore peccaminoso e lo espelleva attraverso l'apparato digestivo.
Neander sosteneva che però il tabacco preso per naso o bocca arrecasse meno danno rispetto a quello assunto sotto forma di fumo: «Nous tenons que ce parfum pris par le nez & par la bouche porte moins de dommage

---

[159] L. Ferrant, *Traité du Tabac en Sternutatoire*, Bourges, 1655, p. 23.
[160] Ibidem, p. 24.
[161] Un'oncia equivale a 28,35 grammi.
[162] J. Ostendorpf, *Traicté de l'usage et abus du tabac*, Bordeaux, 1636, p. 6.
[163] J. Neander, *Traicté du tabac*, Lione, 1626, p. 57.
[164] Ibidem, pp. 59-60.

à ceux lesquel l'ont accoustumé, par un long usage, car la costume est une autre nature acquise de nouveau, au rapport de Galien au livre 2. du mouvement des muscles. Et au 2. des Temperaments.»[165].

Anche il tedesco Ostendorpf si occupò dell'apparato digestivo, nello specifico se si soffrisse di coliche ventose o catarrose la ricetta era questa: «un gros oignon qu'il divisera en deux parts, et qu'au milieu d'iceluy il mette quelques fueilles de Tabac, et les lie ensemble»[166]. Si lasciava cuocere tra le ceneri, si faceva inumidire e si applicava sull'ombelico in forma di impacco.

Data la sua fama di panacea per tutti i mali, Ostendorpf ci tenne a sottolineare questo fatto, proponendo dei rimedi, che prevedevano il tabacco, che potevano essere adoperati per qualunque tipo di malattia. Per esempio si poteva ottenere un composto mischiando il tabacco con del vino: «Prenez une dragme de bon Tabac, canelle demi grame, fueilles de seinné une dragme & demie, vin blanc deux onces»[167]. Si lasciava a macerare nel vino per 2 ore e intanto si doveva restare a bocca aperta per purgarsi. In tal modo sarebbero usciti gli umori crassi, melanconici e biliari.

Fumare attraverso un tubo flessibile[168] faceva bene a tutto il corpo, infatti «s'insinuant dans l'estomach elle pousse hors les humeurs superfluës par la vertu occulte.»[169] Ovviamente per trarne beneficio bisognava fumare non troppo a lungo.

Di sicuro, quest'ultimo, non è un rimedio che potesse andare bene per i melanconici, le donne e gli anziani. Il tubo non doveva essere corto, ma lungo così che si potesse temperare il fumo:

> *ce qui se fait encore mieux quand on conioint ensemble deux tuyaux, en sorte que l'embouchure du premier tuyau soit inserée dans le foyer de second, et que l'endroit du rencontre soit bien bouché de cire. On remplira de Tabac le fyer du premier tuyau, et la fumée sera tirée par le moyen de quelque verre à travers de l'eau (dont il sera plein) par l'embuchure du second tuyau: car en cette maniere il en arrive toute même qu'aux distillations.*[170]

Secondo il tedesco, l'uso del tabacco era molto importante tra le popolazioni che vivevano a Settentrione, nei luoghi umidi, freddi e marittimi. La motivazione era sempre la medesima: bisognava mantenere l'equilibrio degli umori corporei, il clima esterno poteva intaccare questo delicatissimo equilibrio e per tal motivo il fumo avrebbe aiutato a scaldare e seccare mantenendo in salute gli abitanti delle aree soggette a questo clima.

«Voyla quand à l'usage interieur du Tabac»[171].

3.7. CURA PER LE MALATTIE DEI CINQUE SENSI E DELLA PELLE

Per prima cosa il tabacco veniva utilizzato come antidoto dagli indigeni del nuovo mondo in caso di ferite: passavano il succo di tabacco sulla ferita, la coprivano con una foglia pressata e, stando ai testi, subito il dolore passava e anche tutti gli altri malori[172]. In secondo luogo il succo di tabacco era un buon antidoto contro il veleno di Ellebora.[173]

Il dotto Monardes[174], come riporta Neander, aveva notato che questa pianta aiutava i nativi a combattere la fame e la fatica, infatti

> *Ils brulent certains poissons se coquille qu'ils prenent dans les rivieres ; puis les broyent à guise de chaux : ils meslent esgalles portions de cette poudre, et des fueilles de Nicotiane, et les maschent pour les reduire en une masse, de laquelle ils font des trochisques de la grosseur d'un pois, qu'ils sechent à l'ombre, et les gardent pour leur usage. Quand ils voyagents par les deserts, où ne se treuve point de viures, ils tiennent un de ces boulets entre les dents inferieures & les leures, & avallent tout*

---

165 *Ibidem*, p. 89.
166 J. Ostendorpf, *Traicté de l'usage et abus du tabac*, Bordeaux, 1636, p. 10.
167 *Ibidem*, p. 7.
168 Da come viene descritto si potrebbe pensare a una sorta di narghilé.
169 *Ibidem*, p. 7.
170 *Ibidem*, pp. 8-9.
171 *Ibidem*, p. 9.
172 J. Neander, *Traicté du tabac*, Lione, 1626, pp. 33-34.
173 *Ibidem*, p. 34.
174 1493 – 1588. Spagnolo, anche egli oltre che medico era un botanico.

le jusqu'ils en peuvent succer ; apres nent un autre, & pare cette invention ils supportent leur faim les trois ou quatre iours, fans que leurs forces en soient aucunement interessees ; d'autant que ces trochisques continuellement maschez, attirent des humeurs phlegmatiques du cerveau, lesquels se cuisent & digerent dans le ventricule à faute de meilleure nourriture.[175]

Per accreditare la sua tesi, Neander, citò esempi di Plinio e di tanti popoli, tra cui Sciiti, Babilonesi, etc. che adoperarono il fumo per curarsi. Per il medico era fumo di tabacco, le fonti non sono così chiare a riguardo. Nel testo sosteneva che odorare il fumo dal naso facesse molto bene alla memoria, in quanto la rinforzava, ecco come:

La fumée receve par le nez fert grandement pour fontifier la memoire, d'autant qu'elle est comme dediée particulierement au cerueau, & s'insinue facilment dans ses ventricules, & le purge de toute son ordure (parce que le cerveau est le siege capital de la pituite, comme il est enseigné par Hipp. au livre des glandes.) Elle doit estre prise trois heures autant le repas, à fin qu'elle nettoye & resolue plus commodément ces humidités vicieuses. Ie n'entends parler à ceux lesquels en abusans iournellement, & se cpnsommans eux mesmes avec le meilleur de leur temps, dans les cabarets, apres le Tabac, convertissent (vrais souffleurs de cendre qu'ils font) leur cerveau, qui estoit desdié pour estre le domicile de la raison, & le thresor de tout sciéce, en une cheminée & cloaque, avec la profanation d'un medicament si utile & profitable.[176]

Per quanto riguarda la vista, Neander illustrò come il tabacco potesse curare la cataratta attraverso l'uso del fumo:

La fumée du Tabac est un souverain remede pour la cataracte, si (après une convenable purgation de l'humeur peccante) l'œil malade en est souvent parfumé, tenant l'autre bien clos, à fin que la matiere ne vienne à s'insinuer au dedans. Durant ce parfum, il faut souvent mouiller et nettoyer l'œil avec du cotton trempé en eau de Tabac tiede.[177]

Altra singolarità era la cura della sordità:

Deux ou trois gouttes di suc ou huile de tabac mises tiendement dans les aureilles du malade couché à la renuerse le soir, prositent grandement à la surdité ; si elle est causée d'aune matiere froide. Il faudra aussi en même temps recevoir la fumée dans les aureilles par un entonnoir, puis les boucher avec du coton.[178]

Mentre Neander sostenne che per chi soffre di asma il fumo potesse alleviare questo disturbo, la medicina contemporanea sostiene l'esatto opposto.[179]
Anche Ostendorpf asserì la validità del tabacco nel combattere i problemi all'udito fornendo anche un rimedio:

Prenez de la masse de pilules Aurées, sine quibus, & de agarico, de chacun un scrupule du diagrede 4 grains avec du syrop de betoine, soint formeées 7 pilules environnées de poudre de regualisse pour corriger l'amertume, ou bien de celle de cannelle, spoient presentées à quatre heurs du matin avec prunes cuites, les noyaux ostez, à condition que le malade demeure quatre heurs à jeun, et ne s'expose point au vent : puis apres soit faite l'application suivante dans l'oreille. Prenez huile de Tabac deux dragmes, huile d'amandes ameres, huil de rosmarin, de chacun une dragme, estans meslez et attiedis trempez y du cotton, lequel en estant imbeu faudra mettre dans le conduit de chaque oreille, et oindre les temples des mesmes huiles, et asseverement dans vingt-quatre heurs le patient s'en portera mieux.[180]

Per quanto riguarda l'organo più esteso del nostro corpo, l'epidermide, i rimedi furono molteplici. In primis furono osservate le capacità anti-età della pianta miracolosa, particolarmente apprezzate dal gentil sesso: l'olio estratto dalle foglie del tabacco durante la lavorazione poteva essere usato per combattere i segni del tempo che

---

175 J. Neander, *Traicté du tabac*, Lione, 1626, pp. 35-36.
176 *Ibidem*, pp. 53-54.
177 *Ibidem*, p. 111.
178 *Ibidem*, pp. 114-115.
179 *Ibidem*, p. 138.
180 J. Ostendorpf, *Traicté de l'usage et abus du tabac*, Bordeaux, 1636, pp. 5-6.

a molte donne, ma anche a molti uomini, arrecava molto disturbo: le rughe. Applicare l'olio o il succo di tabacco che è una sostanza grassa le avrebbe attenuate.[181]

Come già notato da Neander attraverso gli indigeni del Nuovo Mondo, anche Ostendorpf sostenne le capacità curative per le foglie di tabacco per quanto riguardava le piaghe. Infatti, riportò due rimedi: uno specifico per le ulcere della testa e uno per i piedi. Il primo prevedeva di prendere «feuilles de Tabac pilées demy once, le l'aloès, et de la myrrhe de chacun une dragme, de l'huile de romarin, de l'huile d'olif, de chacun une once et demie»[182], farne un unguento e in seguito applicarlo con dei tamponi. Si sarebbe guariti in un po' di tempo.

Passando da un estremo all'altro del corpo umano, il medico tedesco riferì il farmaco per le ulcere dei piedi, così composto: «Prenez poudre de Tabac une once, de l'une et de l'autre aristoloche de chacune une dragme, de la litarge deux scrupules, du verdet un scrupule, de la myrrhe deux dragmes et demie, huil d'olif deux onces»[183]. Mettere tutto insieme e lasciar cuocere finché non sarebbe diventato unguento.

Infine anche il medico-botanico Buc'hoz si interessò alle problematiche della pelle. In generale per le ulcere maligne consigliava

> *Appliqua le jus et le marc sur un ulcère malin, connu sous le nom de noli me tangere, qu'un de ses[184] parens avoit au nez, en peu de temps il fut guéri. Cette guérison se fit sous les yeux même de l'Ambassadeur, et de plus habiles Médecins du pays, qui en voulurent être les témoins oculaires.*[185]

Lui stesso usò queste cure con esiti positivi.

3.8. QUANDO L'USO DIVENTA ABUSO

Dato che al centro dei trattati c'era la salute, si faceva notare come il fumo di tabacco aiutasse a conservarla, perché in tal maniera venivano mantenuti intatti gli equilibri dei fluidi corporei, ma solo se non si fosse caduti nell'abuso: il fumo troppo caldo e secco poteva portare anche alla morte.

Proseguendo nella lettura si nota che già ai tempi di Neander si sapeva che l'abuso del tabacco poteva provocare gravi danni alla salute, uno su tutti la perdita del senso dell'odorato. Ma ovviamente si parlava di abuso, non di uso. E, come molti diari e lettere riportano, forse perdere il senso dell'olfatto non era poi così grave: passeggiando per le vie di Parigi si potevano sentire una quantità eccessiva di odori nauseanti; non sentirli sarebbe dunque stato sicuramente un sollievo.

Il dottor Parrius[186], le cui idee furono prese in considerazione da Neander nel suo trattato, aveva analizzato il corpo di un fumatore che fumava da più di 30 anni e aveva notato che i residui fuligginosi si erano depositati nel cervello. Ma come sempre, sottolineava che questo è dovuto all'abuso e non al semplice uso del tabacco. Questa scoperta era ben spiegata dal fatto che troppo fumo surriscaldava il corpo e quindi anche il cervello: bisognava risistemare i fluidi corporei assumendo qualcosa di freddo e umido.[187]

Johann Neander sottolineava di non abusarne, in quanto si rischiava di diventare melanconici. Proprio come quando si invecchia, l'abuso di tabacco poteva modificare il temperamento e le inclinazioni dell'individuo. Dopotutto il tabacco era una sostanza calda e secca, come ho già specificato, quindi l'abuso poteva provocare la secchezza nel corpo umano; ma un corpo secco era sinonimo di malattia, al contrario un corpo più pasciuto, e quindi con liquidi, era sintomatico di persona in salute.[188]

Il tabacco poteva avere effetti anche sul tipo di prole che si sarebbe generata:

> *De façon que les humeurs ayant contracté par cette fumée une siccité & chaleur acre, le pere produt un enfant qui luy ressemble, despovrueu de cette humeur naturelle, qui doit prolonger le fil de sa vie, & le preparer à un bon naturel, benign, & traittable.*[189]

---

181 J. Neander, *Traicté du tabac*, Lione, 1626, p. 101.
182 J. Ostendorpf, *Traicté de l'usage et abus du tabac*, Bordeaux, 1636, p. 10.
183 *Ibidem*, p. 11.
184 Si riferisce all'ambasciatore Jean Nicot.
185 P.-J. Buc'hoz, *Dissertations sur le tabac, le café, le cacao et le thé*, Paris, 1788, p. 3.
186 Vedi nota 30.
187 *Ibidem*, pp. 55-56.
188 J. Neander, *Traicté du tabac*, Lione, 1626, p. 61.
189 *Ibidem*, p. 63.

Il fumo inoltre toglieva l'appetito e questo non era auspicabile, perché la mancanza di tale stimolo avrebbe potuto portare a un dimagrimento, sintomatico di malattia

> *Qui ne iugera donc que ce ne soit chose vilaine, & du tout abominable ; que l'homme, le plus prudent des tous les animaux, soit tellement alleché par les foibles appasts de cette fumée ; que foulant aux pieds les preceptes qui concernent la conservation de la santé, & ne respirant que cette sordide fumée, s'expose totalement aux indispositions et infirmitez? Ne sont ce pas des dignes guerdons d'une volupté embrassée trop imprudemment, que d'estre privé d'appetit, devenir tout sec & aride, par la consomption de l'humide radical : que d'estre inquieté des fiebures & d'estre tourmenté en diverses manieres, & par plusieurs sortes d'infirmitez?*[190]

Ostendorpf, in conclusione del suo trattato, come altri prima di lui, sosteneva che l'abuso del tabacco fosse estremamente dannoso, specie per quanto riguardava l'olfatto (nel caso si abusi del tabacco in polvere) e per quanto riguarda la memoria, ecco come:

> *Et ne croyez pas que son usage destruise la memoire, la bonté et la fidelité de laquelle n'est pas establie dans une humidité excessive du cerveau : mais dans une moderée puisque nous voyons les momoires les plus pronptes, les plus habiles et moins asseurées et moins fideles, comme difficilment el se rencontre une grande memoire, et un iugement ferme dans un même sujet.*[191]

Anche Pierre Buc'hoz sottolinea come l'abuso di tabacco fosse dannoso, rendendo ebeti e stupidi. Ecco come spiegava il medico l'abuso del tabacco:

> *Ceux au contraire qui en discontinuent l'usage, après s'en être long-tems servi, tombent dans des langueurs et des chagrins mortels : il est par conséquent important d'éviter de nous rendre esclaves de certaines habitudes, qui ne manquent pas souvent de devenir pernicieuses ; c'est pourquoi, dès qu'on s'est habitué à l'usage du tabac en poudre, il n'est guère possible de se l'interdire, et, quoique souvent il soit nuisible à notre constitution, et très-rarement utile, néanmoins il nous devient indispensablement nécessaire par l'habitude que nous en avons contractée. Cependant on peut dire, et avec raison, que le tabac, pris par le nez, est un très-bon sternutatoire, pourvu qu'on en prenne modérément ; il excite l'éternuement, et procure une abondante évacuation de sérosités, sur-tout aux personnes qui n'y sont pas habituées : il est par conséquent très-bien indiqué dans l'apoplexie, la paralysie, les catharres, les fluxions et la migraine.*[192]

---

[190] *Ibidem*, pp. 69-70.
[191] J. Ostendorpf, *Traicté de l'usage et abus du tabac*, Bordeaux, 1636, p. 29.
[192] P.-J. Buc'hoz, *Dissertations sur le tabac, le café, le cacao et le thé*, Paris, 1788,, p. 16.

SOSTENITORI DEL TABACCO

Analizzando i testi, ho potuto notare una peculiarità: tra la metà del XVII secolo e la metà del XVIII i medici non scrissero testi dedicati al tabacco per uso medico, a questo argomento si dedicarono altre persone.
Come dicevo non sono medici, ma evidentemente l'uso del tabacco per scopo medicinale era così diffuso e apprezzato che anche altri si dedicarono a diffonderne la cultura.

4.1. INTRODUZIONE AGLI AUTORI E AI TESTI

Jean Le Royer sieur de la Prade[193] era drammaturgo, storico e poeta, scrisse due testi sul tabacco. I due testi di Le Royer Prade differiscono nel titolo, ma nel contenuto si potrebbero definire una semplice ristampa. Prenderò in esame il primo testo, quello del 1668. Il semplice fatto che Le Royer Prade fosse principalmente un letterato e non uno scienziato mostra ancora più enfaticamente come l'argomento "tabacco" stesse a cuore a molti.
Prade dedicò il suo testo a «Monsieur Bourdelot Abbé de Massay, Premier Medicin de la Reyne de Suéde, Conseiller & Medicin du Roy»[194], si rivolse quindi a colui che era conosciuto per saggezza e per la posizione a corte all'epoca della stampa.
Definì questo testo come l'interprete più fedele dei segreti della natura, però per leggerlo non bisognava avere ostacoli come passioni o pregiudizi. Con questo intendeva mettere a tacere coloro che, sapendo che la pianta veniva dal Nuovo Mondo, avrebbero potuto ostacolare la sua diffusione, un po' come successe alla patata nei primi decenni dopo il suo arrivo in Europa.
Decise di scrivere in francese perché così tutti potessero capire quello che scriveva e non in latino che sarebbe stato letto solo dai dotti[195]: questo rafforza la mia ipotesi su quanto fosse ritenuto utile l'uso medico del tabacco, tutti dovevano avere l'opportunità di leggere e potersi curare in modo autonomo.
Scrisse in particolare del tabacco in polvere, in quanto, come poterono confermare i suoi estimatori, non poteva essere ignorato per i suoi vantaggi.[196]
Come in tutti i testi scientifici, analizzò il problema del nome della pianta e delle specie di tabacco allora conosciute. Non si discostò da ciò che già ho detto precedentemente. Data la natura del testo spiegava brevemente come si coltivava il tabacco e come si facevano seccare le foglie. Serviva terra grassa, umida e molto spazio, se si coltivava a Settentrione bisognava ripararlo con un muro dal vento del nord e dal freddo.[197]
La seconda fu Madame Françoise Fouquet[198] che scrisse un testo in due tomi sui rimedi casalinghi, tra cui molti prevedevano l'uso del tabacco. Il suo nome da nubile era Marie de Maupeou, moglie di François IV Fouquet, maestro delle istanze di Luigi XIII. Diede alla luce Nicolas Fouquet, sovrintendente alle finanze per Luigi XIV. Fu anche una delle prime dame di carità di Saint Vincent de Paul. Forse proprio a questa sua vena caritatevole dobbiamo la sua raccolta di rimedi domestici per la salute, divisa in due tomi, dedicata proprio alle donne. Nella mia ricerca questo è l'unico esempio di una donna che scrisse un trattato dedicato a rimedi che fossero semplici e domestici e quindi a disposizione di chiunque. Il testo vide la luce molto prima, nel 1696, ma ho potuto consultare unicamente la ristampa del 1712.
I rimedi contenuti in questi tomi sono innumerevoli e spaziano dal semplice mal di testa fino a ulcere e malattie ben più gravi, come addirittura la peste.

---

193 ? 1624 – ? 1685.
194 J. Le Royer Prade, *Discours du Tabac, ou il est traité particulierement du Tabac en poudre. Avec des Raisonnemens Physiques sur les vertus & sur les effets de cette Plante, & de ses divers usages dans la Medicine*, Paris, 1668, p. III.
195 *Ibidem*, pp. 2-3.
196 *Ibidem*, p. 3.
197 *Ibidem*, p. 14.
198 ? 1590 – ? 1681.

4.2. BREVE APPROFONDIMENTO ANATOMICO DI MONSIEUR LE PRADE

Monsieur Le Prade scrisse una piccola digressione sull'anatomia del corpo umano per spiegare come il tabacco agisse sull'organismo. Anche i medici precedentemente considerati avevano fatto delle digressioni sull'anatomia, ma ritengo che questo sia l'esempio migliore e più semplice.

La prima cosa che doveva essere conosciuta era la circolazione del sangue. Il miglior trattato in questo campo fu scritto da Paolo Sarpi[199], che fu un religioso dell'Ordine dei Servi di Maria, teologo, storico e scienziato italiano. Il tabacco, essendo aspirato dal naso, si riteneva che salisse verso il cervello attraverso l'osso cribriforme. Ma il dotto Schneider[200] aveva scritto che ciò non era possibile.[201] Si poteva quindi ragionevolmente concludere, essendo supportato dai nuovi studi anatomici condotti all'epoca, che il tabacco che veniva aspirato dal naso non passasse direttamente al cervello, bensì per la bocca e poi giù verso i polmoni, in quanto l'osso cribriforme era in diretta comunicazione con il cervello. Concluse quindi che il tabacco non potesse depositarsi nel cervello.[202] Oltretutto gli umori del catarro passavano attraverso il naso e colavano via, come poteva dimostrare l'esperienza di molte persone che soffrivano di malattie cefaliche.[203]

Ecco un punto saliente che ritengo doveroso riportare: «L'expérience que l'on allègue des personnes qui reçoivent du soulagement dans les maladies de la teste, ensuite de l'excrétion de la pituite par le nez, n'est pas moins trompeuse, & ne doit pas être moins suspecte.»[204]

4.3. PREPARAZIONE DEL TABACCO E LE SUE CAPACITÀ TERAPEUTICHE GENERALI

Le Prade nel trattato spiegò meticolosamente come doveva essere piantato e trattato il tabacco. Doveva essere piantato quando in America era autunno e in Europa era, di conseguenza, aprile, quando la luna era crescente, si sarebbero dovuti mettere dieci o dodici semi per buco, poi quando sarebbero cresciuti i gambi allora si sarebbero separati a quattro piedi l'uno dall'altro. Oggi sappiamo che questo primo passaggio è in realtà sbagliato: i semi vanno seminati già distanziati, altrimenti le piante crescono troppo vicine e la qualità non sarà buona.

A inizio luglio, si dovevano prendere le dieci o dodici foglie più grandi di ogni pianta, escludendo però quelle più in basso che avevano un sapore troppo sgradevole.[205] Queste ultime erano più cattive perché più vicine alle radici e alla terra: il loro succo sarebbe risultato più impuro, in quanto erano vicine alle esalazioni salate e in più non prendevano abbastanza raggi solari perché coperte dalle altre foglie.

Le foglie raccolte si facevano passare sotto una pressa per ricavare il succo che veniva messo a bollire con del vino, anche se gli indigeni usavano l'urina. Si lasciava bollire finché non diventava sciroppo, che gli spagnoli chiamavano *Caldo*, si aggiungeva il sale per conservare; in seguito anice e zenzero per aromatizzarlo. In un testo di Magnenus[206], letto dal nostro autore, si consigliava di sostituire l'idromele al vino, in quanto quest'ultimo nuoceva alla testa ed enumerava altre piccole accortezze per modificarne il sapore.[207]

Il 10 o il 15 di agosto, a seconda della Luna, a dieci piedi da terra si mettevano a bagno le foglie in questo succo tiepido, una sull'altra, si copriva il tutto con un drappo per tenerlo al caldo e si lasciava a fermentare finché non si otteneva un colore «ou rouge ou rousse»[208].

Poi le foglie si mettevano ad asciugare al sole sotto un panno. Quelle che erano quasi secche, le si legava con una corda per asciugarle e trasportarle più facilmente. Se le foglie erano troppo vecchie i mercanti le facevano

---

199 Paolo Sarpi, Venezia 1552 – Venezia 1623.
200 Purtroppo l'autore non mette il nome, quindi non sono riuscita a risalire all'identità di questo dottore.
201 J. Le Royer Prade, *Discours du Tabac, ou il est traité particulierement du Tabac en poudre. Avec des Raisonnemens Physiques sur les vertus & sur les effets de cette Plante, & de ses divers usages dans la Medicine*, Paris, 1668, pp. 30-31.
202 *Ibidem*, p. 32.
203 *Ibidem*, p. 34.
204 *Ibidem*, p. 37.
205 *Ibidem*, p. 14.
206 Johann Chrysostom Magnenus, Luxeuil-les-bains, France, ca. 1590 – 1679[?]
207 J. Le Royer Prade, *Discours du Tabac, ou il est traité particulierement du Tabac en poudre. Avec des Raisonnemens Physiques sur les vertus & sur les effets de cette Plante, & de ses divers usages dans la Medicine*, Paris, 1668, p. 15.
208 *Ibidem*, p. 16.

bollire nuovamente in una specie di sciroppo per edulcorarle, ma questo era oltremodo dannoso per la salute.[209] La medicina moderna dimostra che non è solamente questo procedimento a rendere il tabacco dannoso per la salute umana, anzi.

Prade elencò successivamente le qualità terapeutiche del tabacco, lo catalogò come caldo e secco, con un odore forte, ma aromatico; un sapore acre, salato, mordace, aveva la proprietà di far diminuire il catarro e la sierosità. Faceva sudare, provocava un'insensibile traspirazione, univa e fomentava lo spirito; era un buon antidoto contro il veleno di papavero ed elleboro; purificava le ulcere e le piaghe avvelenate. Aveva inoltre ottime qualità soporifere. Poteva essere mischiato con altre erbe, ma diventava letale se mischiato con zolfo e ruggine di ferro.

Andava bene contro la flemma e per coloro che agiscono con violenza. Agiva sugli umori e purgava sia in alto, attraverso gli occhi, il naso e la bocca, che in basso, attraverso l'urina e la defecazione, senza lasciare alcun problema alla salute. Agiva sull'appetito, alleviandolo, e per così dire su tutto il corpo umano.[210]

Per agire al meglio doveva essere mischiato ad altre spezie, come il macis, i chiodi di garofano, la cannella, il rosmarino, il mastice, il legno d'aloe, lo storace, etc.[211]

Questa pianta venuta dal Nuovo Mondo risultava quindi per i contemporanei dell'autore una panacea per ogni male che comunemente colpiva la popolazione. Vediamo come le malattie finora elencate erano molto diffuse tra la popolazione: aver trovato un'unica soluzione a più problemi sicuramente fece la fortuna del tabacco.

L'autore riferiva di una voce che veniva da Firenze che sosteneva che il tabacco fosse velenoso. In realtà, Le Royer sosteneva che le persone che pare che fossero morte a causa del tabacco, stessero già morendo di loro, o forse perché semplicemente dovevano aver mischiato il tabacco con qualcosa di nocivo, oppure ancora avevano usato un metodo di essicazione diverso da quello esposto.[212]

Il processo in effetti poteva cambiare le proprietà del tabacco se non veniva eseguito bene; quindi sarebbe potuto diventare velenoso invece che aiutare le persone con le sue virtù terapeutiche.[213]

Il tabacco era necessario ai sanguigni e ai catarrosi per alleviare ai primi gli impulsi violenti e ai secondi per far fuoriuscire le sierosità. Era però vietato ai bambini e alle donne grasse, a meno che non fossero abituati.

Il tabacco poteva essere assunto in tre modi: in polvere, masticato o fumato.[214]

4.4. CONTROINDICAZIONI

Come ogni medicinale, anche il tabacco aveva delle controindicazioni già note all'epoca di Royer Le Prade, infatti molti non erano abituati a prendere il tabacco da fiuto, risultando così storditi o con senso di nausea o entrambe le cose. Il voltastomaco, per esempio, era stimolato perché le parti più sottili del tabacco, passando dalle vene al cuore, e poi dal cuore alle arterie, finivano nello stomaco e pizzicavano quest'ultimo. Lo stordimento invece avveniva quando il tabacco veniva portato dalle vene al cuore e dal cuore con le arterie al cervello.[215]

Invece per quanto riguardava le malattie dei polmoni l'uso del tabacco sarebbe risultato altresì dannoso: le membrane di naso e bocca sarebbero state attaccate, quindi si sarebbero irritate quella del naso, che provocava sierosità sull'altra, che poi avrebbe fatto colare l'umore sull'ampia zona del petto. Si rischiava anche di andare a irritare le membrane oculari in questo modo. Ci sarebbe una disfunzione degli umori e il cervello, che sarebbe dovuto essere più secco e puro, sarebbe in tal modo diventato umido.[216]

Come possiamo notare le controindicazioni erano sicuramente inferiori ai benefici che la medesima pianta apportava, e i lati negativi erano inoltre temporanei. Questo ci fa concludere che, con le dovute attenzioni, il tabacco risultava il più delle volte un medicinale miracoloso, con solo delle lievissime dannosità: il foglietto medicinale illustrativo del tabacco avrebbe elogiato le sue funzioni e le controindicazioni sarebbero state scritte in una breve nota a fine pagina.

---

209 *Ibidem*, p. 17.
210 *Ibidem*, p. 17.
211 *Ibidem*, p. 18.
212 *Ibidem*, p. 19.
213 *Ibidem*, p. 20.
214 *Ibidem*, p. 20.
215 *Ibidem*, p. 62.
216 *Ibidem*, p. 64.

4.5. CHI DISAPPROVA IL TABACCO

Il tabacco in generale era disapprovato da molti: come esempi di personaggi famosi contrari al tabacco ricordava Amurat IV, imperatore dei Turchi, il Granduca di Moscovia e il re di Persia che addirittura, si diceva, condannasse chi violava questo divieto all'amputazione del naso.
Ricordava inoltre l'esempio di Urbano VIII, con la bolla *Cum Ecclesiae*, che vietava il tabacco in chiesa durante le funzioni[217]. Rievocava, come già citato precedentemente, Giacomo Stuart re di Gran Bretagna, che scrisse un trattato per provare a renderlo odioso in tutta l'estensione del suo reame.
Un altro celebre esempio fu Simon Paulus[218], medico del re di Danimarca, autore di uno scritto contro il tabacco.[219]
Royer Le Prade sosteneva una mancata conoscenza precisa dell'anatomia umana da parte di alcuni medici, che credendo che il tabacco giungesse direttamente dal naso al cervello, e provocasse quindi troppa secchezza in questo organo, ne impediva il giusto funzionamento (vista, assorbimento dell'immaginazione, distruzione della memoria). Ma il tabacco, secondo quanto riportava l'autore, agiva solo sulle sierosità della massa del sangue e sugli umori di questo.[220]
Madame Fouquet, per sua parte, sottolineava che ovviamente non tutti erano d'accordo con i rimedi da lei trattati, ma i rimedi che lei aveva riportato erano efficaci e anzi, consigliava la lettura proprio del testo di Le Prade, *Remarques curieuses sur le Tabac*, che sarebbe stato più conosciuto col nome *Discours du tabac, où il est traité particulièrement du tabac en poudre*, per poter imparare a trattare il tabacco e poterlo quindi usare per i rimedi naturali.

4.6. IL TABACCO IN POLVERE

Il tabacco in polvere faceva starnutire, come abbiamo già potuto scoprire, il che era molto utile per alcune malattie, come l'apoplessia, la letargia, in caso di parto difficile, per i vapori isterici e le vertigini.[221]
Si poteva supporre che il tabacco in polvere penetrasse nel naso, quindi passasse alla bocca e poi attraverso le vene andasse al cuore; dal cuore attraverso le arterie passasse direttamente alla testa, quindi al cervello. Bene, cosa faceva? Principalmente faceva espellere il catarro, oltre a quello faceva allontanare anche la bile, la malinconia, che entravano nel circolo sanguigno e rendevano il sangue malato; dovevano quindi essere continuamente espulsi o naturalmente o per arte (cioè con un aiuto, in questo caso da parte del Tabacco in polvere).[222] Il fatto che il sangue fosse reputato "malato" e che dovesse essere "purgato" col tabacco, ci fa sorridere: la medicina contemporanea ci dimostra come invece il tabacco inquini i nostri polmoni e di conseguenza non faccia ossigenare il sangue in modo adeguato. La teoria è stata quindi completamente ribaltata.
Dato che questa polvere era ritenuta calda, acre e, si supponeva, piena di sale volatile, attenuava gli umori crassi e collosi. Detergeva le membrane e dilatava i loro vasi sanguigni. Aumentava la fermentazione del sangue, di conseguenza faceva portare il catarro nei canali: in tal modo veniva espulso.[223]
Le Royer Prade spiega così che il tabacco guariva tutte le malattie portate dall'eccessiva produzione di catarro, come una smodata espettorazione[224], i reumatismi, le infiammazioni degli occhi, lacrimazione involontaria, mal di testa, le affezioni comatose, l'idropisia, etc.
Funzionava anche contro la gotta e la sciatica, perché, come detto, espelleva tutte le sierosità della massa sanguigna.
Così come purificava il sangue, lo manteneva fresco (intendendo sempre rigenerato) e vermiglio, inoltre «même

---

217 Cfr. capitolo 2.
218 Probabilmente il nome non è riportato per intero, quindi non è stato possibile reperire indicazioni biografiche.
219 J. Le Royer Prade, *Discours du Tabac, ou il est traité particulierement du Tabac en poudre. Avec des Raisonnemens Physiques sur les vertus & sur les effets de cette Plante, & de ses divers usages dans la Medicine*, Paris, 1668, pp. 65-67.
220 *Ibidem*, pp. 67-69.
221 *Ibidem*, pp. 63.
222 *Ibidem*, p. 58.
223 *Ibidem*, p. 59.
224 *Ibidem*, p. 59.

aux filles qui ont les pâles couleurs».²²⁵

Ma come il tabacco faceva a far starnutire? L'autore spiegava la teoria secondo lui più vicina alla realtà: la polvere pizzicava la membrana del naso, che provocava lo starnuto e faceva uscire la materia acquosa e ariosa che si trovava tra le cavità tortuose del naso.²²⁶

Il tabacco in polvere aiutava oltretutto a calmare le inquietudini e le passioni tanto che, chi era abituato a prenderlo si sentiva sempre molto tranquillo e, quando si ritrovava privato, passava giorni di estrema agitazione.²²⁷ Da queste poche righe possiamo vedere come avessero già potuto notare una sorta di dipendenza dalla polvere di tabacco; noi oggi possiamo asserire che questa è la dipendenza creata dalla nicotina. Questo accade in quanto la nicotina in termini biologici è un ligando, in quanto tale va a legare il canale che regola alcuni tipi di trasmissione neurologica. La nicotina fa aprire questi canali nicotinici, la trasmissione che si crea agisce sul sistema della gratificazione, che si trova nel sistema nervoso centrale. Tra i vari neurotrasmettitori che entrano in gioco c'è anche la dopamina, responsabile, per l'appunto, dell'effetto di gratificazione che si attiva ogni volta che l'essere umano fa un'esperienza in qualche modo positiva. La nicotina agisce su questo sistema, sia dal punto di vista psicologico che fisico, creando quindi una dipendenza a causa della sensazione gradevole che sprigiona.²²⁸

A questo punto, vorrei far notare che nonostante le numerose incongruenze il tabacco veniva comunque utilizzato e in qualche modo, magari non sempre ben definito o ben spiegato, giustificato come "il minore dei mali". Il resto del testo conferma l'idea di aver trovato nel tabacco una panacea pressoché universale.

Alcuni casi di morte riportavano come causa del decesso proprio uno starnuto eccessivamente violento, ma per l'autore poteva succedere con la stessa frequenza con cui la gente moriva a causa delle bevande o del cibo. ²²⁹

Un'obiezione perpetrata contro il tabacco in polvere era la possibilità che il suo utilizzo potesse danneggiare l'immaginazione, ma Royer Le Prade spiegava che ciò non poteva accadere perché il tabacco attirava il catarro, ma non gli spiriti, i depositari dei sentimenti e delle idee umane, come è già stato detto; non raffreddava il cervello.²³⁰ Anzi, l'autore sosteneva addirittura che il tabacco in polvere aiutasse l'immaginazione, in quanto il tabacco rendeva un po' più secco il sangue e togliendo tutto il catarro e gli umori definiti umidi, lo rendeva quindi più simile alla consistenza naturale del cervello, portando agli organi le disposizioni che domandavano. La secchezza del sangue faceva si che gli spiriti si agitassero e si ingrossassero, gli dava un corso più regolare e una forza di più lunga durata.²³¹

Anche per quanto riguardava la memoria era utile questo tipo di consumo: dato che il sangue era moderatamente seccato dal tabacco, passava dal cuore al cervello e gli donava questo temperamento, perfezionando così l'organo della memoria per lo stesso motivo che abbiamo visto per quanto riguardava l'immaginazione, cioè toglieva catarro e umidità riportando la materialità originaria dell'organo deputato alla memoria.²³²

Alcuni contemporanei sostenevano che il tabacco in polvere potesse confondere i vari generi di memoria (visiva, tattile, olfattiva, etc.) che possedeva l'essere umano.²³³ Prade, per confutare, sosteneva che il tabacco non distruggesse la memoria, in quanto non agiva sui pori di quest'ultima.²³⁴ La medicina contemporanea invece sostiene l'esatto contrario, cioè che la vasopressina, che viene rilasciata quando assumiamo nicotina, possa invece intaccare la memoria, sia a lungo e che a breve termine.

Dopo questa lunga introduzione al tabacco in polvere, l'autore finalmente si accingeva a trattare sull'uso del tabacco in polvere: come e quando. Ovviamente bisognava prendere le dovute precauzioni, essendo pur sempre un medicinale; ad esempio avere svuotato gli intestini. Se l'utilizzo fosse diventato abituale, allora non ci sarebbe stato problema, infatti in questo caso non erano necessarie azioni preparatorie come quella sopracitata. Nel caso in cui le dette azioni preparatorie in caso di non abitudine, non fossero state osservate, si poteva incorrere in

---

225 *Ibidem*, p. 60.
226 *Ibidem*, pp. 60-61.
227 *Ibidem*, p. 65.
228 F. Fornai (a cura di), J. S. Meyer e L. F. Quenzer, *Psicofarmacologia. Farmaci, cervello e comportamento*, Edi. Ermes, Milano, 2009, pp. 354-373.
229 J. Le Royer Prade, *Discours du Tabac, ou il est traité particulierement du Tabac en poudre. Avec des Raisonnemens Physiques sur les vertus & sur les effets de cette Plante, & de ses divers usages dans la Medicine*, Paris, 1668, p. 76.
230 *Ibidem*, pp. 76-77.
231 *Ibidem*, pp. 81-83.
232 *Ibidem*, p. 84.
233 *Ibidem*, pp. 84-85.
234 *Ibidem*, pp. 85-86.

alcuni problemi. L'autore prendeva l'esempio di Mitridate nella storia antica e di quello del re di Cabaye in quella moderna: quest'ultimo aveva nutrito fin da piccolo il suo primogenito con dosi di veleno, ma questa pratica, male eseguita, aveva creato nel bambino un respiro decisamente pestilenziale, tanto che faceva morire le mosche e gli uomini con la sua saliva.[235]

Possiamo vedere, quindi che per Le Royer Prade esisteva già un'idea di assuefazione al tabacco, esattamente come poteva essere per il veleno.

Venivano indicati diversi metodi di preparazione, ma il seguente era il migliore: miscelare tabacco della Virginia e di San Cristoforo, sei libbre del primo e tre del secondo. Si doveva lavare con acqua di meliloto, far seccare, polverizzare e vagliare secondo l'arte. Si lavava il composto ottenuto in acqua di fiori d'arancio, di sandalo e legno d'india, mescolando insieme secondo le dosi convenienti: si metteva su un graticcio coperto da una tela, che fosse stato bagnato precedentemente con acqua d'Ange, infine si lasciava seccare all'ombra; quando si era seccato, si lasciava qualche tempo all'aria e si doveva profumare il tutto più volte con fiori d'arancio. Successivamente con i fiori di gelsomino. Si metteva la soluzione ottenuta in una bottiglia di piombo abbastanza alta così che tabacco e fiori fossero adagiati gli uni sugli altri.[236]

Questa preparazione si faceva per rendere il tabacco meno forte e dannoso. Il primo lavaggio gli toglieva una parte di zolfo e addolciva quel che ne restava. I fiori d'arancio del secondo lavaggio mitigavano il sapore acre, il sandalo smussava il suo calore; la tintura di legno d'India gli donava colore; i fiori d'arancio e gelsomino gli facevano perdere l'odore forte e piccante lasciando il loro aroma.[237]

Sicuramente un procedimento lungo e costoso, basti pensare al quantitativo di aromi utilizzato, ma sicuramente questo procedimento non faceva perdere al tabacco tutte le sostanze dannose per l'organismo; però dava una sorta di rassicurazione per chi ne faceva uso. Di certo, l'attuale uso dell'aggiunta del catrame nelle sigarette odierne non è stato un cambiamento positivo per la nostra salute.

4.7. IL TABACCO DA MASTICARE

Se si masticavano le foglie di tabacco si toglieva lo stimolo della sete e della fame, ma si mantenevano le forze. Si sapeva tramite l'esperienza di numerosi soldati nel Nuovo Mondo: masticando mezza oncia di foglie di tabacco in 24 ore riuscivano a sostenere le fatiche della guerra.[238]

L'impedimento della fame era una questione di catarro e membrane: le parti piccanti del tabacco andavano a stimolare la parte inferiore dello stomaco e così si sentiva il senso di sazietà.[239] Questo è vero, ma la spiegazione scientifica è un po' più articolata. La nicotina si lega anche a uno specifico trasmettitore, alfa3beta4, che stimola l'invio di un segnale di sazietà al cervello. Ma questo, sicuramente nel XVII secolo non potevano ancora saperlo: le loro conoscenze si fondavano su basi empiriche e su osservazioni su alcune specifiche categorie di uomini.[240]

Per quanto riguardava la sete invece smuoveva i vapori che si depositavano nello stomaco, l'umidità penetrando nei pori faceva in modo che non si sentisse la sete.[241]

Le forze erano mantenute in virtù dello zolfo: le manteneva con meno vigore, ma più durature all'interno dell'organismo.[242]

Masticando il tabacco si faceva evacuare il catarro dalla bocca nello stesso modo in cui il tabacco in polvere lo faceva uscire dal naso: il succo si mescolava alla saliva a poco a poco, pungeva le fibre dello stomaco e durante la notte aiutava la digestione.[243] Basti pensare ai molti film western, dove i cowboy masticavano tabacco e poi sputavano, per terra o nelle sputacchiere, l'abbondante saliva che si formava.

---

235 *Ibidem*, pp. 86-87.
236 *Ibidem*, pp. 87-88.
237 *Ibidem*, p. 88.
238 *Ibidem*, pp. 92-93.
239 *Ibidem*, pp. 93-94.
240 https://www.fondazioneveronesi.it/index.php?cID=8695&bID=5989&arHandle=Main&ccm_token=1385691058:526653654383229d5a502dcod7a6cbeo&btask=passthru&method=allComments
241 J. Le Royer Prade, *Discours du Tabac, ou il est traité particulierement du Tabac en poudre. Avec des Raisonnemens Physiques sur les vertus & sur les effets de cette Plante, & de ses divers usages dans la Medicine*, Paris, 1668, p. 94.
242 *Ibidem*, pp. 94-95.
243 *Ibidem*, p. 95.

Lo usavano coloro che ne avevano bisogno e non per abitudine, come succedeva invece facilmente per il tabacco in polvere che subito era diventato una moda. Andava preso a digiuno e sempre in piccole quantità. All'inizio stimolava il vomito, faceva girare la testa, scaldava e seccava la gola; in seguito si potevano percepire i benefici.[244] Al contrario del suo gemello in polvere, il tabacco da masticare poteva essere somministrato anche agli anziani, specie quelli il cui corpo risultava rinsecchito dall'età, col sangue rarefatto, che abbondavano sempre in catarro.[245]

4.8. IL TABACCO FUMATO

Per l'autore non aveva meno onori del tabacco in polvere.
Gli indiani d'America lo offrivano al loro dio al posto dell'incenso, i sacerdoti sostenevano che offrisse loro la conoscenza data dallo spirito divino del tabacco: cadevano ai piedi dell'altare ed erano in grado di dormire più di 6 ore a causa dello stordimento. In seguito, spiegavano gli oracoli o i sogni che avevano fatto durante il torpore indotto dal tabacco. L'uso del tabacco da fumo fu reso da loro, gli indiani d'America, di uso comune.
In quanto più sottile penetrava più in profondità e più prepotentemente. Serviva ad evacuare le sierosità dalle vene della gola, attraverso la laringe penetrava nei polmoni, eccitava la tosse, qualche volta moderatamente e altre volte più violentemente. Ma così somministrato risultava più dannoso ai polmoni di quanto non fosse il suo gemello in polvere, in quanto s'arrestava alla membrana e faceva bruciare il sangue e lo induriva in più punti. A suo favore bisognava ricordare che riscaldava Venere e, proprio per questo, questo aumentava la fecondità; al contrario del freddo che la diminuiva.[246] Studi recenti sostengono l'esatto opposto: specie nell'uomo il fumo di tabacco riduce le capacità fecondative, infatti questa asserzione viene usata come pubblicità negative sui pacchetti di sigarette in Italia.
Preso in grandi quantità e prepotentemente faceva addormentare per le sue qualità solforose o soporifere.[247]
Pare, e c'erano scritti che lo testimoniavano, che si formasse una sorta di fuliggine nera nel cranio di chi facesse un uso eccessivo del tabacco in fumo.[248] Ma questo errore venne confutato, secondo Le Prade, dalle seguenti ragioni: in primo luogo il fumo di tabacco non penetrava nella sostanza del cervello, non poteva essere portato che dalle arterie o dalle vene, e quindi non entrava in contatto con il cranio.[249] Secondariamente era troppo sottile e poco viscoso per creare fuliggine, specie nella testa.[250] Altra ragione era che una crosta avrebbe potuto formarsi, ma questo incidente crudele non accadeva neppure ai fumatori più incalliti.[251] Infine l'autore poté constatare che il cranio di molti fumatori era bianco, come naturalmente avrebbe dovuto essere. Lo fece attraverso esami autoptici.[252]
Come sempre ci furono alcuni autori contrari: rifiutavano o volevano più chiarezza. Hofmanus[253] diceva di aver trovato crani di criminali e soldati con una crosta nera: ma non era colpa del tabacco, sosteneva Le Royer Prade, ma era il sangue melanconico la causa di tutto.[254]
Nel 1793 il dizionario edito per una «Societé de gens de lettres naturaliste» riporta un articolo interessante sul fumo di tabacco «En temps de peste, la fumée du tabac est un grand secours, elle dissipe la contagion et préserve».[255] Sicuramente il fumo avrebbe allontanato pulci e ratti, quantomeno.

---

244 *Ibidem*, pp. 95-96.
245 *Ibidem*, p. 96.
246 *Ibidem*, pp. 98-99.
247 *Ibidem*, pp. 99-101.
248 *Ibidem*, pp. 105-106.
249 *Ibidem*, p. 106.
250 *Ibidem*, p. 106.
251 *Ibidem*, p. 106.
252 *Ibidem*, p. 106.
253 Nome intero Hofmann Zacharias, periodo di pubblicazione 1630-1640. Altre notizie biografiche non sono disponibili.
254 J. Le Royer Prade, *Discours du Tabac, ou il est traité particulierement du Tabac en poudre. Avec des Raisonnemens Physiques sur les vertus & sur les effets de cette Plante, & de ses divers usages dans la Medicine*, Paris, 1668, p. 107.
255 M. et M. Vigié, *L'herbe de Nicot. Amateurs de tabac, fermiers généraux et contrebandiers sous l'ancien régime*, Paris, 1990, p. 38.

4.9. L'ACQUA DI TABACCO

L'acqua di tabacco se la si metteva negli occhi avrebbe acuito e conservato la vista, cancellato le macchie degli occhi e le cicatrici che lasciavano le vescichde. Presa per bocca guariva il fiato corto, l'asma, la tisi, la febbre terziaria e quaternaria, i reumatismi, l'idropisia e i dolori del fegato. Fermava il sangue che colava dalle vene dei polmoni, guariva la debolezza dei nervi, i dolori delle lussazioni e il catarro da freddo.[256]

Le Prade spiegava anche come distillare l'acqua di tabacco. Il tabacco doveva essere raccolto durante il calare della luna, estratto il succo tramite tritatura e spremitura che si sarebbe messa poi a scaldare, si aggiungeva un po' di sale e lievito e si lasciava in un luogo fresco finché non fosse avvenuta la fermentazione. In seguito attraverso a un fuoco molto basso si sarebbe fatta distillare l'acqua ottenuta, filtrata e fatta evaporare secondo l'arte. Il sale era così estratto e l'acqua era distillata e pronta per essere usata. Per chi la prendeva per via orale, la dose era di uno scrupolo in un brodo.[257]

Anche Madame Fouquet citò l'acqua di tabacco: «mise dans l'œil éguise et conserve la veuë, et efface les tâches des yeux : prise par la bouche, guerit la courte haleine, l'Asthme, la Phtisie, les Fiévres tierces et quartes, etc.»[258]

Penso sia d'obbligo una precisazione: l'acqua di tabacco, così come gli altri rimedi che vedremo poi, erano più un tentativo di rendere "scientifico" l'alchimia che veniva perpetrata dai secoli precedenti. Come sottolineano anche i Vigié nel loro trattato, spesso magari non era il solo tabacco a far guarire una persona, ma il composto che si andava a creare con altre erbe o spezie o, più in generale, sostanze di vario genere. Sfortunatamente questo spesso poteva provocare la morte, in quanto determinate soluzioni potevano far sprigionare alcuni elementi letali per l'essere umano, come riportano Marc e Muriel Vigié: «Comme cette liste [lista delle piante usate dagli speziali, ndr] comprenait entre deux cents et quatre cents plantes, il n'était pas rare qu'on substituât l'une à l'autre, et des mélanges non prévus se révéler mortels»[259]

4.10 OLIO DI TABACCO

Dal tabacco dicevano che si potesse anche trarre un olio terapeutico, il quale messo nell'orecchio curava la sordità, sul viso i rossori e le gemme, sulle parti affette da gotta o dalla sciatica toglieva il dolore e fortificava meravigliosamente i nervi. Andava bene anche per le punture e le ferite.[260] A questo olio, come ogni sostanza grassa, possiamo concedere il beneficio del dubbio che avrebbe potuto sortire un qualche beneficio per la pelle, come altri olii che sia anticamente che tutt'oggi si usano. Ma non posso fare a meno di pensare che insieme all'olio di tabacco, si potessero estrarre anche le sostanze che, come abbiamo già avuto modo di specificare, arrecano danno alla nostra salute.

C'erano numerosi modi per estrarre l'olio dal tabacco, il primo prevedeva lo sminuzzamento delle foglie col mortaio, si facevano bollire in olio d'oliva recentemente spremuto; si rimuoveva l'olio con una forte pressione e dentro la colatura si doveva mettere del nuovo materiale (foglie sminuzzate e olio d'oliva). Il composto si metteva poi in una bottiglia di vetro doppio e la si lasciava al sole per 20 giorni, dopo questo periodo la "spremitura" l'olio poteva dirsi pronto.[261]

Il secondo metodo prevedeva di far fermentare delle foglie di tabacco in acqua di fontana, distillato poi per discesa. Si doveva poi separare l'olio dell'acqua con quello che era stato colato, o filtrato o con l'imbuto o col cotone.[262]

---

256 J. Le Royer Prade, *Discours du Tabac, ou il est traité particulierement du Tabac en poudre. Avec des Raisonnemens Physiques sur les vertus & sur les effets de cette Plante, & de ses divers usages dans la Medicine*, Paris, 1668, pp. 107-108.

257 *Ibidem*, pp. 108-109.

258 Mme. F. Fouquet, *Recueil des remèdes faciles et domestiques, Choisis, experimentez, et trés-approuvez pour toutes sortes de Maladies internes et externes, et difficiles à guerir. Recueillis par les ordres charitables de l'illustre et Pieuse Madame Fouquet, pour soulanger les pauvres Malades. Revû et corrigé de quantité de fautes qui s'étoient glissées dans les précédentes Editions, et augmenté de plusieurs remèdes qui se sont trouvez de plus dans le manuscrit de ladite dame, avec un Régime de vie pour chaque complexion et pour chaque Maladie, et un Traité du lait. Tome Second*, Paris, 1712, p. 465.

259 M. et M. Vigié, *L'herbe de Nicot. Amateurs de tabac, fermiers généraux et contrebandiers sous l'ancien régime*, Paris, 1990, p. 45.

260 J. Le Royer Prade, *Discours du Tabac, ou il est traité particulierement du Tabac en poudre. Avec des Raisonnemens Physiques sur les vertus & sur les effets de cette Plante, & de ses divers usages dans la Medicine*, Paris, 1668, p. 109.

261 *Ibidem*, p. 110.

262 *Ibidem*, p. 110.

▲ Fumatori fiamminghi, Jean-Etienne Liotard, after C. le Vayer, 1779 - 1783 (Riikmuseum Amsterdam)

Madame Fouquet forniva alcuni utilizzi per questo specifico olio. Ecco alcuni esempi.

Olio di balsamo per le piaghe
Droghe:
Olio di oliva, 1 libbra
Violette di marzo, 2 once
Pervinca, 2 once
Garofano rosa, 1 oncia
Rose selvagge, 1 oncia
Fiori di rovi, 2 once
Fiori di Nicotiana, 2 once
Fiori dell'erba di San Giovanni, 4 once
Gomma, 4 once
Trementina di Venezia, 1 oncia.

Preparazione:
Si doveva prendere la fiala più grossa che si poteva trovare, dentro la quale (all'inizio della primavera) si metteva l'olio di oliva e si aggiungevano tutte le droghe che sono menzionate a esclusione della trementina. Si faceva bollire e la si lasciava a seccare. La fiala doveva essere lasciata al sole fino alla fine dell'estate quando si sarebbe, infine, aggiunta la trementina e lasciata ancora qualche tempo al sole. Dopo questo periodo si doveva colare l'olio di balsamo ottenuto tramite pressione e conservato fino al bisogno. Per l'utilizzo bastava applicarlo sulle parti afflitte.[263] In questo caso, Madame, non usa l'olio estratto dal tabacco, bensì crea un olio, partendo dall'olio d'oliva, aggiungendo i fiori della pianta del tabacco. Per quanto riguarda l'olio d'oliva, si conoscono ancora oggi le sue capacità cicatrizzanti e lenitive, ma non possiamo essere certi che il composto sopracitato potesse effettivamente risultare efficace e apportasse un qualche beneficio alla naturale guarigione delle piaghe.

Altro olio di balsamo per lo stesso uso e per i bruciori, i dolori e i nervi:
Droghe:
Olio di oliva, 2 libbre
Foglie di Bugola, 1 manciata
Cipresso bianco, 1 manciata
Camomilla, 1 manciata
Menta, 1 manciata
Erba di san Giovanni, 1 manciata
Consolida, 1 manciata
Pianta di san Nicola, 1 manciata
Rose di Provins, 1 manciata
Verbena, 1 manciata
Salvia fresca, 1 manciata
Salvia a grandi foglie, 1 manciata
Petun o Erba della regina, 1 manciata
Incenso polverizzato, 3 dragme
Mastice polverizzato, 3 dragme
Vino vermiglio, 1 pinta.

---

[263] Mme. F. Fouquet, *Recueil des remèdes faciles et domestiques, Choisis, experimentez, et trés-approuvez pour toutes sortes de Maladies internes et externes, et difficiles à guerir. Recueillis par les ordres charitables de l'illustre et Pieuse Madame Fouquet, pour soulanger les pauvres Malades. Revû et corrigé de quantité de fautes qui s'étoient glissées dans les précédentes Editions, et augmenté de plusieurs remèdes qui se sont trouvez de plus dans le manuscrit de ladite dame, avec un Régime de vie pour chaque complexion et pour chaque Maladie, et un Traité du lait. Tome Premiere*, Paris, 1712, pp. 287-288.

▲ Piantagione di tabacco delle colonie olandesi, 1883 (Riikmuseum Amsterdam)

Preparazione:
Si doveva tagliare tutte le erbe e innaffiarle col vino e depositarle in un vaso con dentro l'olio d'oliva. Alla fine del mese di giugno, si doveva esporre il vaso al sole fino alla metà di agosto, mescolando ogni giorno. Si versava in un calderone e si faceva bollire per un'ora buona, finché l'olio non fosse divenuto bello verde e le erbe non si fossero sciolte. Il composto lo si doveva far passare in una tela nuova e doveva essere ben spremuto. Si doveva mettere il colato in un altro calderone ben pulito. A questo punto era necessario aggiungere l'incenso e il mastice, far bollire ancora il tutto mezz'ora mescolando incessantemente con un bastone. Alla fine si metteva questo olio in una pentola o in bottiglie pronto per l'uso. Lo si applicava sulle parti doloranti a bisogno.[264]
In generale «L'huile de Tabac mise dans l'oreille en guerit la surdité, sur le visage en emporte les rougeurs et le bourgeons, sur les parties affligées de la Goute ou de la Sciatique, elle en appaise les douleurs en résoudant l'humeur qui les cause»[265]

4.11. SALE E CRISTALLI DI TABACCO

Il sale e i cristalli erano presenti in molte preparazioni del tabacco e si credeva che ne aumentassero la forza. Erano diaforetici e diuretici, a seconda della disposizione degli umori. Avrebbero dovuto sbiancare i denti, preservare dalle infiammazioni e dal prurito; consolidavano le ulcere e soprattutto aiutavano le gengive e purificavano meravigliosamente il sangue.[266]
Per estrarre il sale bisognava lavare le ceneri di tabacco in diverse acque finché non avessero nessun gusto,

---

264 *Ibidem*, pp. 288-289.
265 Mme. F. Fouquet, *Recueil des remèdes faciles et domestiques, Choisis, experimentez, et trés-approuvez pour toutes sortes de Maladies internes et externes, et difficiles à guerir. Recueillis par les ordres charitables de l'illustre et Pieuse Madame Fouquet, pour soulanger les pauvres Malades. Revû et corrigé de quantité de fautes qui s'étoient glissées dans les précedentes Editions, et augmenté dUsage du Tabac et de ses Proprietez. Tome Second*, Paris, 1712, p. 465.
266 J. Le Royer Prade, *Discours du Tabac, ou il est traité particulierement du Tabac en poudre. Avec des Raisonnemens Physiques sur les vertus & sur les effets de cette Plante, & de ses divers usages dans la Medicine*, Paris, 1668, pp. 110-111.

filtrate con la lingua di manzo, si facevano evaporare a pellicola in una terrina sigillata, mettendola in un posto umido fintanto che non si fossero formati i cristalli. Fatto ciò bisognava separarli, filtrarli, evaporarli e lasciarli cristallizzare. Il tutto andava ripetuto il maggior numero di volte possibile.[267]

«Le Sel et le Cristal de Tabac mêlez dans les deux précédentes préparations en augmente la force, et fait d'un insigne diaphoretique ou diuretique selon la disposition des humeurs ; ils blanchissent les dents, les préservent de Fluxions et de pourritures, et consolide les Ulceres, sur tout les gencives, et purifient merveilleusement le Sang.»[268]

Studi recenti dimostrano che i metalli contenuti nel tabacco, come ad esempio cadmio e nichel, effettivamente cristallizzano con determinati processi chimico-fisici e diventano tossici per accumulo. Inoltre elementi come pirene e antracene sono cancerogeni in assoluto.

4.12. PROFUMO DI TABACCO

Il profumo di tabacco era famoso per la sua capacità di calmare il soffocamento della madre e i vapori isterici, toglieva offuscamento alla cornea, rimuoveva la cataratta degli occhi; era un rimedio alla sordità, curava i postumi della tosse e della letargia.[269]

Il tabacco poteva essere bruciato sia in polvere che in foglia, ma se bruciato in foglia i suoi vapori aiutavano a togliere il catarro.[270]

Il modo migliore per consumare questo tipo di tabacco era di prepararlo secondo la seguente ricetta. Di tabacco recente due dracme; vino bianco due once, o dell'acqua di buglossa e di betonia nelle stesse quantità; cannella fine due scrupoli. Si metteva tutto in un vaso ben chiuso da tutte le parti, si metteva su un fuoco moderato o a bagnomaria, e in questo modo si inspiravano i vapori che fuoriuscivano da un buco fatto su un lato del vaso.[271]

«Le Parfum du Tabac que l'on brûle en poudre ou en feuilles appaise les suffocations de Mere ou les vapeurs histeriques, substilise les humeurs, rémedie à la vieille toux, et rappelle de la Létargie.»[272]

Il profumo di tabacco, proprio come il fumo di tabacco, risulta dannoso per l'essere umano per le sostanze contenute. Anche se miscelato in modo diverso, per il fisico è comunque nocivo.

4.13. COMPRESSE E PILLOLE DI TABACCO

Le compresse di tabacco avevano gli stessi effetti delle foglie masticate; erano così tenute in considerazione dagli indiani che se le portavano in viaggio, contro la fame, la sete e la stanchezza. Avevano quindi lo stesso effetto delle foglie masticate. Per prepararle si sarebbero dovute prendere due dracme di foglie di tabacco in polvere, mastice selezionato, zenzero orientale, una dracma ciascuno in polvere; miele bianco della Narbona in quantità sufficiente, si mischiava il tutto nel mortaio e poi si creavano delle compresse rivestite secondo l'arte.[273] Le pillole di tabacco invece purgavano gli umori dal basso, in particolar modo la bile; toglievano inoltre il ronzio dall'orecchio.[274]

---

267 Ibidem, p. 111.
268 Mme. F. Fouquet, *Recueil des remèdes faciles et domestiques, Choisis, experimentez, et trés-approuvez pour toutes sortes de Maladies internes et externes, et difficiles à guerir. Recueillis par les ordres charitables de l'illustre et Pieuse Madame Fouquet, pour soulanger les pauvres Malades. Revú et corrigé de quantité de fautes qui s'étoient glissées dans les précedentes Editions, et augmenté de plusieurs remèdes qui se sont trouvez de plus dans le manuscrit de ladite dame, avec un Régime de vie pour chaque complexion et pour chaque Maladie, et un Traité du lait*. Tome Second, Paris, 1712, p. 465.
269 J. Le Royer Prade, *Discours du Tabac, ou il est traité particulierement du Tabac en poudre. Avec des Raisonnemens Physiques sur les vertus & sur les effets de cette Plante, & de ses divers usages dans la Medicine*, Paris, 1668, p. 111.
270 Ibidem, pp. 111-112.
271 Ibidem, p. 112.
272 Mme. F. Fouquet, *Recueil des remèdes faciles et domestiques, Choisis, experimentez, et trés-approuvez pour toutes sortes de Maladies internes et externes, et difficiles à guerir. Recueillis par les ordres charitables de l'illustre et Pieuse Madame Fouquet, pour soulanger les pauvres Malades. Revú et corrigé de quantité de fautes qui s'étoient glissées dans les précedentes Editions, et augmenté de plusieurs remèdes qui se sont trouvez de plus dans le manuscrit de ladite dame, avec un Régime de vie pour chaque complexion et pour chaque Maladie, et un Traité du lait*. Tome Second, Paris, 1712, p. 465.
273 J. Le Royer Prade, *Discours du Tabac, ou il est traité particulierement du Tabac en poudre. Avec des Raisonnemens Physiques sur les vertus & sur les effets de cette Plante, & de ses divers usages dans la Medicine*, Paris, 1668, p. 112.
274 Ibidem, p. 113.

Si facevano come le compresse e si somministravano al peso di una o due dracme.[275]

Come ricordava Madame Fouquet: «Les Pillules du Tabac purgent par en bas toutes les humeurs et la bile plus qu'aucun autre Remede, et appaise les vertige, le sifflement et le bourdonnement d'oreille.»[276]

Per quanto riguarda le compresse, possiamo trarre le stesse conclusioni del tabacco masticatorio: certamente toglie il senso di appetito, ma non è sicuramente salutare e non consigliato per una qualunque dieta. Certamente dà la sensazione di un mantenimento di energie: la nicotina stimola anche il rilascio di acetilcolina, un neurotrasmettitore cerebrale che, regolando i livelli di energia dell'organismo, elargisce una sensazione di maggiore energia. Ciò però lo fa sempre più indicare come una droga che come un rimedio per la salute.

4.14. ESTRATTO, SPIRITO E DISTILLATO DI TABACCO

L'estratto di tabacco si diceva guarisse l'alopecia, l'ozena, i polipi, alleviasse il dolore ai denti, le ulcere delle gengive e della lingua e l'epilessia recente. Sarebbe servito anche per tenere lontani alcuni animali tra cui ratti, e per curare i cavalli.[277]

Queste malattie, oggi sappiamo, non erano sicuramente curabili con questo rimedio; in particolar modo malattie come l'alopecia o l'epilessia per le quali, in alcuni casi, nonostante la continua ricerca medica, ancora oggi non c'è cura.

Per prepararlo serviva un'oncia di foglie di tabacco; vino rosso grosso due once. Si lasciava scaldare sulle ceneri per 24 ore; dopo di che si doveva filtrare e nella colatura si aggiungevano due scrupoli di allume.[278]

Lo spirito del tabacco, invece lo si otteneva tramite distillazione.[279]

Era utile per chi soffriva di fiato corto: si prendeva dello spirito di tabacco, o petum, si mettevano cinque o sei gocce in un bicchiere di idromele e si inghiottiva.[280]

Madame Fouquet riportava un unguento eccellente contro il dolore alla milza e contro i bruciori:

Droghe:
Millepiedi o lingua di cervo, 1 manciata
Fegato, una manciata
Herbe Daurade, 1 manciata
Nicotiana, 1 manciata
Piantaggine, 1 manciata
Parietaria, 1 manciata
Tamarisco, 1 manciata
Violette, 1 manciata
Rhuë, 1 manciata
Edera, 1 manciata
Assenzio, 1 manciata
Ache, o sedano, 1 manciata
Capelvenere, 1 manciata

---

275 *Ibidem*, p. 113.
276 Mme. F. Fouquet, *Recueil des remèdes faciles et domestiques, Choisis, experimentez, et trés-approuvez pour toutes sortes de Maladies internes et externes, et difficiles à guerir. Recueillis par les ordres charitables de l'illustre et Pieuse Madame Fouquet, pour soulager les pauvres Malades. Revû et corrigé de quantité de fautes qui s'étoient glissées dans les précedentes Editions, et augmenté de plusieurs remèdes qui se sont trouvez de plus dans le manuscrit de ladite dame, avec un Régime de vie pour chaque complexion et pour chaque Maladie, et un Traité du lait. Tome Second*, Paris, 1712, p. 466.
277 J. Le Royer Prade, *Discours du Tabac, ou il est traité particulierement du Tabac en poudre. Avec des Raisonnemens Physiques sur les vertus & sur les effets de cette Plante, & ses divers usages dans la Medicine*, Paris, 1668, p. 113.
278 *Ibidem*, p. 114.
279 *Ibidem*, p. 114.
280 Mme. F. Fouquet, *Recueil des remèdes faciles et domestiques, Choisis, experimentez, et trés-approuvez pour toutes sortes de Maladies internes et externes, et difficiles à guerir. Recueillis par les ordres charitables de l'illustre et Pieuse Madame Fouquet, pour soulager les pauvres Malades. Revû et corrigé de quantité de fautes qui s'étoient glissées dans les précedentes Editions, et augmenté dUsage du Tabac et de ses Proprietez. Tome Premiere*, Paris, 1712, p. 80.

Fiori di Bach, 1 manciata
Tenaces, 1 manciata
Sempervivum petit (pianta grassa), 1 manciata
Fumaria, 1 manciata
Mandorle amare, 20 once
Olio d'oliva, 10 libbre
Cera nuova 2 libbre e 8 once.

Preparazione:
Si dovevano pestare separatamente tutte le erbe e le mandorle, in seguito mischiare tutto ciò che era stato ridotto in polvere e fare infuso con l'olio d'oliva dentro una pentola di terracotta; dopo aver fatto bagnare la pentola con acqua per ventiquattro ore. Fatto ciò, si lasciava in infusione al sole per due giorni o su ceneri calde per dodici ore. Dopodiché si versava tutto il composto in un calderone e si faceva bollire per due ore a fuoco lento, mescolando di tanto in tanto per non far bruciare. Si metteva il tutto in un sacco di tela e si spremeva con grande forza. Finita quest'operazione si rimetteva la spremitura nello stesso calderone, dopo averlo pulito per bene, e si faceva bollire per ancora un po' di tempo. Infine si aggiungeva la cera tagliata a piccoli pezzi per dar corpo all'unguento.
Si metteva il composto in una pentola e si poteva conservare fino a bisogno. Quando il bisogno giungeva bisognava far sciogliere l'unguento su un piatto, lo si spalmava dai reni fino allo stomaco e al ventre, si bendava il tutto in modo che il malato potesse stare più comodo. Stessa cosa anche sulla regione del fegato, se fosse stato infetto. L'operazione andava ripetuta due volte al giorno seguendo queste indicazioni: dopo tre o quattro ore aver cenato e due ore prima di pranzare.[281]
Madame Fouquet aggiungeva che «L'extrait ou le Suc de Tabac guerit la Copesie, l'Ozene, les Polipes, la douleur des dents, les Ulceres des gencives, et la langue: et l'Epilepsie récente, il tuë les vers, les poux et les punaises, les souris et les rats, il sert d'un Remede souverain aux Chevaux contre le farcin, contre les foulures que la selle leur fait sur le dos.»[282]

Molto utili per il mal di gola, le afte e l'abbassamento della voce erano i gargarismi fatti con un procedimento particolare.[283] Si doveva versare spirito di vino sul tabacco in foglie, dopodiché si metteva tutto a fermentare a bagnomaria, fintanto che colore e virtù non fossero estratte. Si separava il liquore inclinando piano il recipiente in modo da separare le due fasi. Si faceva nuovamente fermentare e si filtrava un'ultima volta. Per rendere l'estratto più efficace si doveva rifare la stessa operazione con nuovo materiale ma con lo stesso spirito di vino.[284] Possiamo ragionevolmente dubitare che potesse essere il tabacco il fautore della guarigione: più probabile che fosse l'alcool, contenuto in questo preparato, che disinfettava la gola; proprio come ancora oggi si usa fare, con alcuni rimedi della nonna, che possono prevedere l'uso del latte caldo con un liquore aggiunto.
Oggi per curare le afte spesso viene prescritto un collutorio, che solitamente è a base di alcool.

4.15. POZIONI, EMETICI, SCIROPPI E CONSERVE DI TABACCO

Le pozioni venivano ritenute utili contro il contagio della peste e in caso di forti malattie contagiose.[285]
Per prepararle servivano quattro once di foglie di tabacco; acqua di cardo o di betonia otto once; una dracma di anice. Si doveva mettere tutto a fermentare al sole, o su ceneri calde, finché la virtù e il colore del tabacco non

---

281 *Ibidem*, pp. 107-109.
282 Mme. F. Fouquet, *Recueil des remèdes faciles et domestiques, Choisis, experimentez, et trés-approuvez pour toutes sortes de Maladies internes et externes, et difficiles à guerir. Recueillis par les ordres charitables de l'illustre et Pieuse Madame Fouquet, pour soulanger les pauvres Malades. Revû et corrigé de quantité de fautes qui s'étoient glissées dans les précédentes Editions, et augmenté de plusieurs remèdes qui se sont trouvez de plus dans le manuscrit de ladite dame, avec un Régime de vie pour chaque complexion et pour chaque Maladie, et un Traité du lait. Tome Second*, Paris, 1712, p. 466.
283 J. Le Royer Prade, *Discours du Tabac, ou il est traité particulierement du Tabac en poudre. Avec des Raisonnemens Physiques sur les vertus & sur les effets de cette Plante, & de ses divers usages dans la Medicine*, Paris, 16688, p. 114.
284 *Ibidem*, p. 114.
285 *Ibidem*, pp. 114-115.

fossero state estratte; dopodiché si poteva passare alla spremitura e in seguito si sarebbe mescolata un'oncia di sciroppo di capelli di Venere.[286]

Simili alle pozioni, cioè preparati senza cambiamenti significativi, erano gli emetici.[287]

Diversa era invece la preparazione degli sciroppi: bisognava prendere tre parti di tabacco depurato; una parte di Oxymel e di zucchero una parte e mezza ciascuna. Si metteva tutto sul fuoco e si lasciava affinché su riducesse la consistenza a sciroppo.[288]

Madame Fouquet prescriveva queste soluzioni per il mal di testa e contro i nervi induriti.

Ad esempio il mal di testa poteva venire per varie cause, ma se la causa fosse stata l'odore di carbone, bisognava prendere un emetico e stare all'aria estremamente fresca. L'emetico poteva essere a base di tabacco o di semi di calendula.[289]

Tutti abbiamo sperimentato, almeno una volta nella vita, il mal di testa dato da un odore molto forte. Proprio perché ha questa natura, l'aria aperta e priva di elementi che la vizino è la soluzione migliore, piuttosto che un emetico a base di tabacco.

Al contrario c'era una ricetta particolare per ammorbidire i nervi induriti:

Droghe:

Olio di oliva: 1/3 del tutto

Vino chiaro 1/2 pinta[290]

Erba della regina 1 manciata

Foglie di assenzio romano 1 manciata

Preparazione

Si doveva far bollire vino e olio in una pentola, finché il vino non fosse stato consumato; si aggiungeva l'erba della regina e l'assenzio romano, si proseguiva con la cottura fino a nuova ebollizione e la si prolungava per un lungo tempo. Finita questa operazione, si doveva filtrare attraverso una garza di lino bianco la soluzione e tenere da parte questo balsamo, così ottenuto, per il bisogno. Per quanto riguardava l'applicazione si doveva depositare questo balsamo su una foglia di cavolo rosso o altra foglia, adagiarla sulla parte dolorante due volte al giorno fino alla guarigione.[291]

Un'altra soluzione erano le conserve, che erano come lo sciroppo, solo un po' più secche.[292]

4.16. CLISTERI E FOMENTAZIONI DI TABACCO

Contro il dolore all'ileo, le coliche, biliose o flatuose o nefritiche e le affezioni comatose si poteva ricorrere ai clisteri.

Per prepararli serviva un polso[293] di foglie di tabacco, e si dovevano far bollire in un brodo grasso. In nove once di questo decotto si doveva poi aggiungere del succo di tabacco depurato e dello zucchero rosso, una mezza oncia ciascuno, miele viola e miele comune due once di ciascuno. Si mischiava il tutto e si faceva passare attraverso un setaccio. Dopo aver setacciato il tutto si poteva procedere ad effettuare il clistere.[294]

Le fomentazioni invece fortificavano lo stomaco, aiutavano il retto, il fegato e arrestavano il dolore delle coliche e dei reni.

---

286 *Ibidem*, p. 115.

287 *Ibidem*, p. 115.

288 *Ibidem*, pp. 115-116.

289 Mme. F. Fouquet, *Recueil des remèdes faciles et domestiques, Choisis, experimentez, et trés-approuvez pour toutes sortes de Maladies internes et externes, et difficiles à guerir. Recueillis par les ordres charitables de l'illustre et Pieuse Madame Fouquet, pour soulanger les pauvres Malades. Revû et corrigé de quantité de fautes qui s'étoient glissées dans les précedentes Editions, et augmenté de plusieurs remèdes qui se sont trouvez de plus dans le manuscrit de ladite dame, avec un Régime de vie pour chaque complexion et pour chaque Maladie, et un Traité du lait. Tome Premiere*, Paris, 1712, pp. 4-5.

290 Una pinta equivale a 0,473176 litri.

291 *Ibidem*, pp. 25-26.

292 J. Le Royer Prade, *Discours du Tabac, ou il est traité particulierement du Tabac en poudre. Avec des Raisonnemens Physiques sur les vertus & sur les effets de cette Plante, & de ses divers usages dans la Medicine*, Paris, 1668, p. 116.

293 Unità di misura non riportata.

294 J. Le Royer Prade, *Discours du Tabac, ou il est traité particulierement du Tabac en poudre. Avec des Raisonnemens Physiques sur les vertus & sur les effets de cette Plante, & de ses divers usages dans la Medicine*, Paris, 1668, p. 116.

Per prepararle si dovevano prendere foglie di Nicotiana a discrezione, farle bollire in acqua di fontana, fino a riduzione: verso la fine si doveva aggiungere una parte di vino bianco, e lasciare raffreddare il tutto. Per l'applicazione si dovevano usare spugne o pezzi di lino imbevuto da applicare sulle parti doloranti.[295]
I clisteri vengono normalmente somministrati per ripulire la parte intestinale dell'apparato digestivo, le coliche, di qualunque natura, necessitano di un altro tipo di procedimento e cure mediche.

4.17. BALSAMI, CERATE, BAGNI, UNGUENTI E IMPIASTRI DI TABACCO

Le cerate, i bagni, gli unguenti e gli impiastri erano reputati estremamente efficaci per le malattie o le ferite della pelle, ma anche contro i morsi di cane, le flemme, contro le bestie velenose e le screpolature delle mani. Ma il meglio del tabacco lo si poteva ottenere sulle ulcere.[296]
Le ulcere si potevano curare grazie allo zolfo che si trovava nel tabacco: il suo essere oleoso faceva guarire il sangue corrotto delle ulcere. Il suo sale pulisce le impurità.[297] Lo zolfo è un naturale disinfettante, però non è presente nel tabacco. Al suo posto sono presenti altre sostanze che possono fungere da leggero disinfettante.
Per ognuno di queste tipologie di rimedi c'era una preparazione specifica.
Per preparare una cerata serviva un'oncia di tabacco sottile in polvere, si metteva sulle ceneri calde in olio di mandorle dolci, o al sole per tre giorni. Infine si passava tutto al setaccio e si riduceva in cerata.
Per l'unguento servivano foglie di tabacco recentemente pestate al mortaio, una libbra. Si cuoceva una mezza libbra di grasso di maiale ben mondato, a fuoco lento, fino alla consistenza di unguento. Dopodiché si passava al setaccio il composto per un lavaggio. Dopo questa operazione l'unguento era pronto.
Un secondo metodo per preparare l'unguento di tabacco era il seguente: bisognava procurarsi una libbra di succo di tabacco, col suo fondo; si aggiungeva la colofonia, della cera nuova e della trementina tre once ciascuna giù fuse. Si faceva cuocere tutto per sei ore a fuoco lento, finché l'umidità non fosse evaporata; in seguito si doveva eseguire un lavaggio. La colatura andava poi rimessa sul fuoco senza farla bollire, aggiungendo mezza libbra di trementina di Venezia; la soluzione si ritirava e la si poteva usare direttamente in caso di raffreddamenti.

Madame Fouquet ricordò altri utilizzi e altri metodi per ottenere unguenti che contenessero il tabacco. Per esempio un unguento per la milza e contro la febbre quartana:

Droghe:
tabacco, 3 once
Cacciafebbre, foglie e fiori, 1 oncia e 1/2
Miele, mezza oncia
Vino bianco, 1/3 del volume totale
La preparazione prevedeva di tagliare il tabacco e metterlo in una pentola di terracotta, insieme alle foglie e ai fiori di Cacciafebbre; si doveva pestare il tutto in un mortaio, aggiungendo miele e vino. Si portava a ebollizione e si lasciava bollire fino a quando le erbe non si fossero consumate e il vino non fosse evaporato. Si setacciava il tutto e si metteva il colato in una pentola, si faceva nuovamente bollire a fuoco lento finché non fosse divenuto un unguento un po' spesso.
Per usarlo bastava applicarlo sul cuoio chiamato Basane e depositarlo sulla regione della milza.[298]
Altra tipologia di rimedio a base di tabacco era il bagno. Si doveva prendere del tabacco tagliato recentemente, farlo cuocere con della cera bianca e del sego di capra. Dopodiché si doveva spremere il tutto e si aggiungeva nella colatura ottenuta del nuovo materiale; si doveva procedere così per cinque o sei volte, finché non si fossero

---

295 *Ibidem*, pp. 116-117.
296 *Ibidem*, pp. 117-118.
297 *Ibidem*, pp. 120-121.
298 Mme. F. Fouquet, *Recueil des remèdes faciles et domestiques, Choisis, experimentez, et trés-approuvez pour toutes sortes de Maladies internes et externes, et difficiles à guerir. Recueillis par les ordres charitables de l'illustre et Pieuse Madame Fouquet, pour soulanger les pauvres Malades. Revû et corrigé de quantité de fautes qui s'étoient glissées dans les précédentes Editions, et augmenté de plusieurs remèdes qui se sont trouvez de plus dans le manuscrit de ladite dame, avec un Régime de vie pour chaque complexion et pour chaque Maladie, et un Traité du lait. Tome Premiere*, Paris, 1712, pp. 109-110.

estratti l'odore, il colore e la virtù del tabacco per avere un bagno eccellente.
Ma c'era una seconda metodologia per ottenere un bagno. Si doveva prendere un'oncia di olio di tabacco; della tintura o estratto di tabacco mezza oncia; sale di tabacco uno scrupolo; olio di noce moscata sbiancata e spogliata della sua virtù con lo spirito di vino col quale fosse stata fatta. SI univa il tutto e si riduceva alla consistenza di bagno, sulle ceneri calde.
C'era l'opzione dell'impiastro che veniva creato come gli unguenti, ma con un utilizzo più consistente della cera.[299]
Sempre Madame Fouquet ci teneva a ricordare l'uso dei balsami per le malattie della pelle. Come ad esempio il balsamo per le piaghe interiori ed esteriori:

Droghe:
Olio d'oliva, 2 libbre
Boccioli di rosa da cento petali, 1/2 libbra
Fiori di Petun o Tabacco, 1/2 libbra
Fiori di erba di San Giovanni, 1/2 libbra
Gomma arabica, 1 oncia
Midollo di alce o di cervo, 1 oncia
Mastice, 1 oncia
Sarcocolla, 1 oncia
Aloe, 1 oncia
Storace, 2 grosse manciate
Sangue di Drago, 2 once
Miele, 1 oncia
Trementina di Venezia, 6 once
Lombrichi bianchi, grossi e lunghi che si trovano nella terra grassa, 1 ciotola
Vino bianco, quel che ci vuole
Olio di oliva, 1/2 libbra

Per la preparazione si doveva prendere una bottiglia di vetro, si depositavano al suo interno due libbre di olio d'oliva, la mezza libbra di boccioli di rosa, il Petun o Tabacco, e i fiori dell'erba di san Giovanni. La si doveva chiudere bene ed esporla al sole per sei settimane o più. Dopodiché si doveva mettere il composto in una terrina di terracotta piena di vino e di lombrichi; dopo aver fatto colare tutto da un panno, si doveva mettere quel che restava nel panno in fricassea in una pentola con la mezza libbra di olio d'oliva. Una volta che il composto si fosse fritto, si metteva in un panno e si spremeva. Il succo ottenuto doveva essere messo nella bottiglia. Dopo aver polverizzato ciò le erbe rimaste, si rimetteva il tutto nella bottiglia e la si lasciava al sole per sette o otto giorni, mescolando due volte al giorno. Infine la si doveva mettere in un camino caldo per cinque o sei giorni.
Questo balsamo poteva essere usato prima di tutto per i bruciori, le fistoli e ulcere interne, per purgare le vesciche, per la purgazione delle donne, per lo stomaco, per mal di testa e altri numerosi malanni.[300]
In conclusione Madame ricorda che «les Cerats, les Baumes, les Onguents et les Emplâtres, sur tout s'ils ne sont secondez par les passions selon le besoin, guerissent les Mules, la Galle, la Teigne, le Feu volage, les Ulceres, les Dartres, Les Crevasses des mains, les Ecroüelles. Les Eresipelles, les Herpes, les Porreaux, les Cors des pieds, toutes sortes de Blessures, les Cancers et Charbons pestilentiels, les Morsures de Chiens enragez, celles des bêtes venimeuses, etc.»[301]

---

[299] J. Le Royer Prade, *Discours du Tabac, ou il est traité particulierement du Tabac en poudre. Avec des Raisonnemens Physiques sur les vertus & sur les effets de cette Plante, & de ses divers usages dans la Medicine*, Paris, 1668, pp. 121-123.
[300] Mme. F. Fouquet, *Recueil des remèdes faciles et domestiques, Choisis, experimentez, et trés-approuvez pour toutes sortes de Maladies internes et externes, et difficiles à guerir. Recueillis par les ordres charitables de l'?illustre et Pieuse Madame Fouquet, pour soulanger les pauvres Malades. Revû et corrigé de quantité de fautes qui s'étoient glissées dans les précedentes Editions, et augmenté dUsage du Tabac et de ses Proprietez. Tome Second*, Paris, 1712, pp. 296-300.
[301] *Ibidem*, p. 466.

4.18. FOGLIE DI TABACCO

Solo Madame Fouquet riportò dei metodi di utilizzo delle foglie di tabacco, per esempio per far passare il dolore alla milza nel caso fosse la conseguenza di un'eccessiva esposizione a una fonte di calore. Si dovevano prendere le foglie di Nicotiana, in un quantitativo a piacere ed impilarle in un mortaio con un po' di aceto; si dovevano poi strofinare mattina e sera per qualche tempo dove c'era la milza, applicando poi un panno che era stato precedentemente temprato col succo di tabacco.[302]

Le foglie potevano essere utili anche per il dolore ai reni, infatti si dovevano prendere le foglie di Nicotiana, metterle per un po' sulle ceneri calde; quando si fossero scaldate, prenderle e metterle, il più possibili calde, sulla parte dolorante. Ripetere l'operazione più volte fino a guarigione.[303]

In questi casi, più che l'utilizzo del tabacco, risultava medicamentoso il calore che veniva sprigionato dalle foglie lasciate a scaldare sulle ceneri.

4.19. IL TABACCO E I 5 SENSI

Monsieur Le Prade ricorda che alcuni suoi contemporanei sostenevano che il tabacco potesse nuocere alla vista, infatti scrisse:

> Le Tabac, disent-ils, est nuisible à la veuë, parce que provoquant l'éternuëment il agite les humeurs du cerveau avec violence, et les fait couler par les rameux des arteres carotides du côté des yeux, qui pour lors en sont offensez. Car ces arteres ainsi tenduës et gonflées pressent les nerfs optiques, qu'elles touchent, ou se déchargeant sur eux de ce qu'elles contiennent de trop, en remplissent et bouchent leurs divers tuyaux. Après quoy les esprits visuels, arrêtez par l'un ou par l'autre obstacle, cessent de se porter au corps de l'œil, et d'y faire leurs fonctions.[304]

Ma l'autore sosteneva l'esatto contrario, infatti se avessero evitato il tabacco solo per questa credenza, allora avrebbero dovuto togliere tanti buoni usi alla medicina. Quindi chi fosse stato già abituato al tabacco di certo non ci avrebbe rimesso la vista, per chi invece non era abituale all'uso del tabacco bastava l'accortezza di procedere per gradi.[305]

Dato che il tabacco agiva sul sangue e non sulla testa non c'erano quindi problemi per gli occhi.

Dopotutto era un rimedio simile a quello dell'Elleboro, ma al contrario di questo era più moderato e quindi meno potenzialmente dannoso. Lo starnuto creato dal tabacco non avrebbe quindi agito sulla vista, ma solo sulle sierosità sanguigne. E questo era dovuto alla sua origine: agiva, come già detto, solo sul sangue e non sull'economia del corpo intero.[306]

Era vero, però, che grandi e frequenti starnuti, in alcuni casi, potessero provocare la perdita della vista o del gusto, ma anche casi di emicrania, rottura delle arterie e addirittura la morte. Ma questi incidenti avvenivano, secondo Royer Le Prade, più per l'impurità del sangue che per gli eccessivi starnuti. Perché se la massa di questi umori fosse risultata troppo grande, la conseguenza sarebbe stata peggio rispetto al semplice starnuto.[307]

Difatti quando si fossero avute molte impurità il sangue si sarebbe agitato da solo, in modo del tutto naturale, e avrebbe provocato lo starnuto e non il contrario.[308]

4.20. PRECISAZIONI FINALI DI MADAME FOUQUET

Alla fine del suo trattato Madame Fouquet espresse delle considerazioni riguardanti il tabacco. Secondo lei avrebbe aiutato a guarire tutte le malattie che erano date dal catarro: «les Crachemens immoderez, les

---

302 *Ibidem*, p. 327.
303 *Ibidem*, p. 333.
304 J. Le Royer Prade, *Discours du Tabac, ou il est traité particulierement du Tabac en poudre. Avec des Raisonnemens Physiques sur les vertus & sur les effets de cette Plante, & de ses divers usages dans la Medicine*, Paris, 1668, pp. 71-72.
305 *Ibidem*, p. 72.
306 *Ibidem*, pp. 72-73.
307 *Ibidem*, pp. 73-74.
308 *Ibidem*, pp. 75-76.

Rhumatismes, les Fluxions qui tombent sur les yeux, les larmes involontaires, le mal de tête, l'Hydropisia ; il soulage la tête par les inquiétudes et les passions, et enfin bien loin d'affoiblir l'immagination et la mémoire, il perfectionne les organes de ces falcutez.»[309] In foglie e masticato toglieva la sete e la fame e impediva che le forze diminuissero durante il lavoro, come riportato dai medici che abbiamo precedentemente analizzato e anche dallo stesso Monsieur Le Prade. Infine Madame Fouquet sosteneva che se fumato moderatamente, faceva dormire e sognare tranquillamente.

Le proprietà soporifere del tabacco sono note ancora oggi, più che soporifere possiamo definirle che provocano un senso di tranquillità e rilassatezza; proprio grazie alla dopamina di cui abbiamo già trattato.

4.21. L'ABUSO

Monsieur Royer Le Prade sosteneva che non bisognava prendere troppo tabacco in polvere, in caso contrario la membrana del naso sarebbe diventata meno sensibile e non si sarebbe più irritata con l'odore acre del tabacco e quindi non sarebbe più servito a far evacuare le sierosità.[310]

Certo, il fatto di perdere parte dell'olfatto poteva essere visto come un guadagno durante quel periodo a Parigi: la città era piena di cattivi odori, non sentirli poteva essere un sollievo.

In ogni caso bisognava stare attenti a non far diventare il sangue troppo secco, caldo e spesso in quanto si sarebbe rischiato di scaldare e seccare le altre parti del corpo, fino a provocare delle ostruzioni.

Dopotutto si contribuiva anche con le bevande, con il cibo e la stessa aria che si respirava a bilanciare gli umori del nostro corpo, come anche l'urinare e la semplice sudorazione: il sangue si reputava fosse costituito per due terzi di acqua e tale rapporto andava mantenuto sempre per conservare la salute.

Le Prade sosteneva che dunque il tabacco facesse bene all'organismo, ma questo lo aveva potuto dedurre perché era partito da giuste premesse; coloro che non comprendevano il potenziale del tabacco invece non erano in grado di farlo perché condizionati da falsi principi, dalle quali derivavano inevitabilmente quindi false conclusioni.[311]

4.22. CONCLUSIONI

In questo capitolo abbiamo potuto constatare come, anche per coloro che non erano medici, il tabacco veniva considerato una panacea, una pianta miracolosa. Dopotutto per le credenze popolari questa nuova pianta, era diventata quella novità che in quanto tale pareva risolvere tutti i problemi di salute.

Sicuramente questi rimedi risultavano di semplice comprensione, le droghe previste erano di facile reperibilità. Il problema che poteva sorgere era però che proprio questi rimedi, fossero in realtà dannosi alla salute umana. La medicina contemporanea dimostra a più riprese come il tabacco, assunto in qualunque modo, è dannoso per la salute. *In primis* perché agisce sul cervello, in quanto la nicotina si lega ai neurotrasmettitori creando uno stato di gratitudine, creando quindi una dipendenza, pari a quella di altre droghe come la cocaina o l'eroina che danno le medesime sensazioni. In secondo luogo agisce sui polmoni e li atrofizza.

Per i contemporanei di Monsieur Le Prade e Madame Fouquet questa pianta sembrava comunque miracolosa, in quanto utilizzabile in infiniti modi e dato che gli effetti collaterali si possono vedere solo sulla lunga distanza, nell'immediato non vedevano effetti collaterali. Se non c'erano effetti collaterali allora era positiva per la salute.

---

309 Mme. F. Fouquet, *Recueil des remèdes faciles et domestiques, Choisis, experimentez, et trés-approuvez pour toutes sortes de Maladies internes et externes, et difficiles à guerir. Recueillis par les ordres charitables de l?illustre et Pieuse Madame Fouquet, pour soulager les pauvres Malades. Revû et corrigé de quantité de fautes qui s'étoient glissées dans les précedentes Editions, et augmenté dUsage du Tabac et de ses Proprietez. Tome Second*, Paris, 1712, p. 464.
310 J. Le Royer Prade, *Discours du Tabac, ou il est traité particulierement du Tabac en poudre. Avec des Raisonnemens Physiques sur les vertus & sur les effets de cette Plante, & ses divers usages dans la Medicine*, Paris, 1668, p. 62.
311 *Ibidem*, pp. 69-71.

▲ Immagine di una donna che fuma la pipa, XVII secolo (Riikmuseum Amsterdam)

I MEDICI CONTRO IL TABACCO

Nel periodo considerato, il tabacco non fu però valutato da tutti un medicinale. Al contrario, ci furono dei medici che non lo reputarono mai totalmente tale, molti di questi con illuminata lungimiranza sugli effetti che avrebbe potuto causare all'organismo umano. Nello specifico vedremo quattro casi: il medico Joseph Warner (1757) e tre tesi per la laurea in medicina di cui la prima di Claude Berger (1699), la seconda di Jean-François Blanc (1806) e la terza di Louis-Alexandre Arvers (1815).
A una prima occhiata superficiale possiamo sicuramente constatare che per ottenere delle opinioni negative sul tabacco dovettero passare anni; questo perché i risultati negativi di un prolungato uso del tabacco erano molto più lenti a mostrarsi.

5.1. A CHI ERANO DIRETTI QUESTI TESTI?

Fatto di primaria importanza era sicuramente la destinazione di questi testi; erano, infatti, per una ristretta élite medica. Erano tesi di laurea, saggi scritti per una commissione medica. L'unico, tra quelli considerati, che fosse più di carattere divulgativo era *Observations de chirurgie* di Joseph Warner e la parte dedicata al tabacco fu relegata alla fine del trattato in «Deux lettres d'un médecin de Londres, a un gentilhomme de Bath»[312].
Quindi, a contrario dei testi a favore del tabacco, che erano precipuamente divulgativi, questi erano più per una nicchia di dotti; la tesi di laurea di Claude Berger, dopotutto, fu scritta ancora in latino invece che in francese.

5.2. GLI AUTORI

Claude Berger[313], figlio maggiore di Claude Berger che fu medico del re Luigi XIV, come tesi di laurea in medicina fece una ricerca sul tabacco, cercando di dimostrare che in realtà, l'abuso se non anche l'uso semplice della foglia, riducesse la speranza di vita. Presidente della commissione di laurea fu Guy Crescent Fagon[314], primo medico di Luigi XIV e attivo sostenitore della lotta al tabagismo.
Joseph Warner era un medico tedesco, il suo testo fu tradotto in francese nel 1756 dall'edizione di Berlino del 1754 a cui vennero aggiunte due lettere dedicate a un «gentilhomme de Bath» in cui si tratta anche l'uso del tabacco, al quale era contrario.
Jean-François Blanc e Louis-Alexandre Arvers erano invece due laureandi, come già detto, il primo presso l'università di Montpellier e il secondo presso quella di Parigi, che durante il periodo Napoleonico, riportarono in auge i problemi che il tabacco poteva arrecare alla salute.

5.3. STORIA E SPECIE DEL TABACCO

I dottori sopracitati concordavano coi loro colleghi su come il tabacco fosse arrivato in Europa e anche sulle tempistiche.
Fu solo nel 1815, con la tesi di Louis-Alexandre Arvers, che invece delle 3 specie che si era abituati a conoscere, ne vengono elencate ben sette: nicotiana tabacum, nicotiana pusilla, nicotiana fructicosa, nicotiana rustica, nicotiana paniculata, nicotiana glutinosa e nicotiana urens, ma quest'ultima per Monsieur de Jussieu[315] non appartiene alla famiglia delle altre perché troppo diversa.[316]
Jean-François Blanc fece notare già prima, che la pianta di tabacco nel clima temperato europeo poteva

---

312 J. Warner, *Observations de chirurgie*, 1757, Paris, p. III.
313 1679 – 1712.
314 Parigi, 1638 – Parigi, 1718.
315 Bernard de Jussieu, Lione, 1699 – Parigi 1777, botanico presso la corte di Versailles.
316 L.-A. Arvers, *Essai sur le tabac*, Paris, 1815, p. 8.

sopravvivere circa un anno, anche con tutte le accortezze botaniche che la scienza poteva elargire, mentre in America, terra da cui proviene la pianta, viveva tranquillamente dai dieci ai dodici anni continuando a fiorire e quindi a donare le sue foglie.[317]

5.4. PRIME TEORIE SULLA NOCIVITÀ DEL TABACCO

Come anticipato, il primo sostenitore delle negative conseguenze dell'uso del tabacco per il corpo umano, fu il dottor Berger sotto l'alta guida del dottor Fagon. Secondo loro, il tabacco era una sostanza che faceva male all'organismo da molteplici punti: se inspirato in polvere era eccessivamente dannoso per le vie respiratorie e le mucose che sarebbero state pizzicate, infatti Berger scrive:

> *Illa vero contracta, papillas et glandulas, quibus est intertexta, constringit, atque ex his, velut ex spongiis manu compressis, mucum exprimit: quo quidem expurgato, seroli latices motum eundem secuti, non secus ad aqua siphonibus elicita, e vasis et glandulis vicinis continenter evocantur.*[318]

E aggiunge in seguito:

> *[...] quos hoc adurente sale tumultus excitabit, si freqientiore consuetudine naribus admota, vel excepta fumo, teneras membranas offendens, gutturis et ventriculi nervos in spasmos egerit, cumque illis nervosum genus omne commoverit? Quid damni non afferet salivs, si eo sale imbuta in ventriculum impluens, alimentis admissis, et mox in chylum versis, cum sanguine in totum corpus deportandis, acrimoniæ huius semina insperserit? An vero minus erit formidandum sulphur illud Narcoticum assiduent inspiratum? Quod et atroces dentium cruciatus obtundere, et famem inducto torpore sedare, immont et sensus omnes, atque una principes cerebri functiones ita potis est consopire, et Nicotianæ ebrius sulphure, pocula lethæos ut si ducentia somnos arente fauce traxerit, misiarum oblitus sibi beatus esse videatur.*[319]

Berger continuava spiegando che l'eccessiva secchezza e l'eccessivo calore apportato dal tabacco nel corpo poteva, specie se si cadeva nell'abuso, portare fino alla morte; in qualunque modo il tabacco fosse assunto. Conclude la sua tesi asserendo che il tabacco è nocivo:

> *Unde in ipsam nonnunquam adolescentiam membra labant; tremor manus solitis muneribus impares reddit; illusi pedes vitiosum corpus ferre recusant; viscera marcescunt; spiræ cordis elasticæ desultorient moventur cessant; et sic tandem, vel disruptis et ruentibus partium staminibus, viventis machina dissolvitur; vel ejus motus, sine quo nusquam est vita deficit; ut ideò quæ subductam Nicotianam tarda fuisset necessitas lethi, eiusdem abusu corripiat gradum. Ergo ex Tabaci usu frequenti vitae summa brevior.*[320]

5.5. MA NON TUTTO IL TABACCO VIEN PER NUOCERE

Con grande lungimiranza alcuni medici mostrarono che il tabacco non era quella pianta miracolosa che in molti sostenevano.
Difatti il medico Joseph Warner, nel suo trattato, sostenne che il tabacco non aiutava a conservare la salute, bensì l'esatto contrario: accorciava la vita e causava una morte prematura. Asserì infatti che «Cette plante Indienne [...] est chaude et séche jusqu'au troisiéme degré. L'excés de ces qualités ne peut que la rendre nuisible à la jeunesse, quand méme elle fourniroit une vrai nourriture; car on sçait que celle des jeunes gens doit être humide, et sans excés de chaleur.»[321]

---

317 J.-F. Blanc, *Essai sur l'usage et l'abus du tabac*, Montpellier, 1806, pp. 8-9.
318 C. Berger, *An ex tabaci usu frequenti vitae summa brevior?*, Parigi, 1699, p. 4.
319 *Ibidem*, p. 4.
320 *Ibidem*, p. 8.
321 J. Warner, *Observations de chirurgie, où l'on en trouve de remarquables sur les effets de l'agaric de chêne dans les amputations, et la composition des bougies, souveraines dans les maladies de l'urètre. Traduites de l'anglois de M. Warner,... Auxquelles on a joint deux lettres d'un médecin de Londres [à un gentilhomme de Bath] dont la première contient des règles pour conserver la santé jusqu'à un âge fort avancé, avec quelques observations sur l'usage*

L'autore, seguendo sempre la teoria galenica degli umori, sosteneva che la giovinezza era il giusto equilibrio tra calore e umidità, l'invecchiamento invece rinsecchiva il corpo e portava a una naturale morte. Il tabacco, aumentando innaturalmente questa secchezza, poteva provocare una morte prematura, e parlando degli umori scriveva:

> *C'est de la juste combinaison de ces deux qualités, que dépend la conservation de nos corps. Si la premiere diminue trop, la seconde s'affoiblit, puisque celle-ci est entretenue par l'autre, comme une lamp par son huile. L'excés de ces deux qualités [caldo e secco, ndr] ne peut donc que nous rendre le tabac extrémement nuisible.*[322]

Non serviva dunque né in caso di salute né in caso di malattia, il medico infatti ricordava che danneggiava l'odorato. Lo stesso si domandava Louis-Alexandre Arvers nell'introduzione alla sua tesi:

> *Comment se fait-il donc que cette plante ait acquisi dans le monde une si grande célébrité ? Comment et pourquoi, depuis deux siècles, s'est-elle multipliée si rapidement dans tous les coins du globe ? Le tabac a séduit toutes les nations : l'Arabe le cultive dans ses déserts ; les Japonnais, les Indiens, les Chinois en font usage ; on le trouve dans les contrées brûlantes de l'Afrique, et les habitans des zones glaciales ne peuvent s'en passer. Il plaît au Nègre, au Lapon, au sauvage de l'Amérique ; il est enfin de mode chez presque tous les peuples civilisés de la terre. Les uns le mâchent ; les autres remplissent leur bouche de sa fumée ; d'autres en respirent la poudre par le nez. Les riches comme les pauvres en font une consommation prodigieuse. Pour tous ceux qui en font usage c'est une jouissance, ou plutôt un besoin, qui même fait souffrir celui qui ne peut le satisfaire. Il n'est pas jusqu'à l'homme le plus misérable qui, après un morceau de pain, ne préfère le tabac à tout le reste.*[323]

Sempre per la teoria degli umori, Warner riportava come controesempio il vino: nelle giuste quantità nutriva, perché caldo e umido, ma il tabacco era più caldo e secco quindi dannoso per la salute. Consumava l'umidità del corpo, rendendolo caldo e secco; il tabacco: «vous deviendra donc nuisible, même pris en petite quantité; mais son usage immodéré vous conduira insensiblement à une mort prématurée.»[324]
Jean-François Blanc nella sua tesi che cercava di dimostrare la nocività del tabacco, partiva da una semplice asserzione: la pianta del tabacco faceva parte delle specie velenose, per questo non poteva essere usata come rimedio per curare l'essere umano e quindi si sarebbero dovuti promuovere metodi più efficaci e più sicuri.[325]
Entrambe le tesi erano divise in tre parti (introduzione, tesi, conclusioni) e le parti che più ci interessano sono quelle in cui veniva dimostrata la dannosità della pianta.
Blanc per ogni rimedio in cui veniva usato il tabacco in modo benefico, come quelli che erano stati esposti da Monsieur Royer Le Prade, riportava la dimostrazione della realtà dei fatti, cioè che fosse un male per la salute. Per esempio, avevamo visto l'utilizzo medicinale dell'olio di tabacco, che veniva spesso veniva applicato localmente come rimedio contro molte malattie cutanee o contro la sordità[326]; ebbene non era il toccasana che altri credevano in quanto bastavano poche gocce per causare la morte. Lo stesso valeva per i famosi sali di tabacco: come la scienza ci dimostra erano ricchi di nitrato e questo non apportava nessun beneficio alla salute, anzi l'esatto contrario: è un veleno che uccide lentamente.[327]
Il tabacco era in primo luogo considerato al contempo uno stimolante e un narcotico. Le foglie, se venivano messe su una medesima parte per molto tempo, agivano come vesciche[328]: rendevano la pelle irritata laddove venissero applicate, causando quindi un danno ulteriore alla salute.
Se veniva assunto in polvere o per infusione aveva qualità emetiche molto marcate: veniva usato come emetico

---

    du tabac, et la seconde fait connoître l'abus des remèdes empyriques. Traduites aussi de l'anglois, 1757, Paris, pp. 239-240.
322 *Ibidem*, p. 240.
323 L.-A. Arvers, *Essai sur le tabac*, Paris, 1815, p. 12.
324 J. Warner, *Observations de chirurgie, où l'on en trouve de remarquables sur les effets de l'agaric de chêne dans les amputations, et la composition des bougies, souveraines dans les maladies de l'urètre. Traduites de l'anglois de M. Warner,... Auxquelles on a joint deux lettres d'un médecin de Londres [à un gentilhomme de Bath] dont la première contient des règles pour conserver la santé jusqu'à un âge fort avancé, avec quelques observations sur l'usage du tabac, et la seconde fait connoître l'abus des remèdes empyriques. Traduites aussi de l'anglois*, 1757, Paris, p. 242.
325 J.-F. Blanc, *Essai sur l'usage et l'abus du tabac*, Montpellier, 1806, p. 12.
326 Cfr. capitolo 4.
327 *Ibidem*, pp. 15-16.
328 *Ibidem*, p. 16.

in medicina, ma era troppo violento in quanto poteva addirittura causare convulsioni: anche qui il laureando sosteneva che si poteva ricorrere ad altri metodi più sicuri e con meno controindicazioni.

Anche l'uso per clisteri, come abbiamo potuto analizzare in precedenza, alcuni medici ricorrevano all'uso del tabacco, ma l'autore era più favorevole alla sostituzione di questo rimedio con un decotto di foglie di Senna, meno nocive per la salute.[329]

Veniva usato sulle ulcere vecchie, come seccante e cicatrizzante, ma non era senza pericolo: poteva infatti causare nausea e un vomito estremamente violento e convulsivo.[330] Spesso veniva adoperato per l'ingrossamento apparente di fegato, milza e altri organi, ma analizzando i vari casi si riscontrò che questo composto causava più danni che reali benefici, motivo per cui già da qualche tempo era risparmiato come uso.[331]

Blanc però sosteneva che per alcune malattie potesse, nonostante tutto, dare un qualche beneficio, come in alcuni casi di otalgia e odontalgia: la polvere di tabacco faceva smuovere il catarro che si depositava, nella fattispecie nella zona del padiglione auricolare e della bocca. Dava dei buoni risultati anche per la tisi polmonare e per la sordità causata dal catarro che si poteva depositare nelle orecchie. Il nostro medico però dice che sono casi da valutare di volta in volta, in quanto era più l'opinione che si accreditava in questo caso e non una vera e propria esperienza.

Arvers riportò le prime sensazioni che si hanno quando si inizia a fumare il tabacco e cosa provoca nell'organismo: prima di tutto sosteneva che si prova una certa secchezza, determinata dall'azione irritante del tabacco. Seguivano poi delle vertigini, mal di testa, stato ansioso, affaticamenti, calore bruciante, tremori, sudori freddi, vomito e una sorta di ebbrezza seguita da sonnolenza. Inoltre, con il protrarsi di questa cattiva abitudine si risultava più esposti alle malattie, come diarrea cronica e dissenteria.[332] Scriveva Blanc:

> *D'abord, quel aspect sale et dégoûtant n'a pas un jeune homme tout barbouillé de cette poudre enivrante ; tous ses traits son déformés, son nez distille continuellement une humeur fétide qu'on peut comparer à l'ichor qui suinte d'un ulcère sordide. Le sens de l'odorat, que l'éloquent philosophe de Génève appelait le sens par excellence, est émoussé, pour ne pas dire éteint. L'organe où il est placé, et qui est destiné comme sa figure l'annonce à recevoir les odeurs, et non pour servir d'émonctoire aux différentes humeurs, continuellement agacé par cette poudre irritante, se refuse à tout autre stimulus.[333]*

Sosteneva inoltre che se si prendeva il tabacco si seccavano le terminazioni nervose a scapito della loro sensibilità e, in tal modo, sarebbero state incapaci di esercitare le loro azioni.[334]

Chi fumava o masticava il tabacco perdeva il senso del gusto e poteva avere una perniciosa influenza sulla vista.[335]

> *Mais un de plus pernicieux effets du tabac, est d'affaiblir la mémoire, de diminuer la vivacité de l'esprit, et d'énever toutes les facultés de l'entendement. Il dessèche le cerveau, et produit assez souvent l'amaigrissement et la consomption, et hâte ainsi la ruine de notre machine.[336]*

Anche il medico Arvers era dello stesso avviso: anch'egli riportava i danni che il tabacco, specie se si cadeva nell'abuso, poteva arrecare all'organismo. Se un uomo provava a fumare 25 sigari di seguito, diventava immediatamente stupido e perdeva interamente l'uso dei sensi. Inoltre avrebbe avuto in breve tempo dei conati di vomito. Arvers riportava la testimonianza del medico Tissot[337], che sosteneva di non aver mai conosciuto persona che, fumando, fosse arrivata alla vecchiaia.[338]

Anche l'uso della polvere di tabacco era dal medico sconsigliata perché pizzicava troppo le membrane del naso e ne riduceva le capacità olfattive. Oltretutto, data la motivazione per cui veniva usata questa polvere, alcuni fabbricanti aggiungevano altre sostanze che aumentavano il potere eccitatore della membrana nasale del tabacco.

---

329 *Ibidem*, pp. 17-18.
330 *Ibidem*, p. 18.
331 *Ibidem*, p. 18.
332 L.-A. Arvers, *Essai sur le tabac*, Paris, 1815, p. 14.
333 J.-F. Blanc, *Essai sur l'usage et l'abus du tabac*, Montpellier, 1806, pp. 21-23.
334 *Ibidem*, p. 23.
335 *Ibidem*, p. 24.
336 *Ibidem*, p. 24.
337 Simon-André Tissot, medico svizzero, tratto dal testo *Epistula practica*. Grancy, Vaud, 1728 – Losanna 1797.
338 L.-A. Arvers, *Essai sur le tabac*, Paris, 1815, p. 15.

Anche Arvers, come già Blanc, sosteneva che l'utilizzo del tabacco era comunque più dimostrato dall'opinione che dalla diretta esperienza. Citò il medico Lorry[339] che sosteneva che il tabacco non andasse assolutamente bene per le persone nervose, perché ne aumentava il nervosismo[340]
Blanc concludeva così la sua tesi:

> [...] le tabac étant susceptible d'occasionner beaucoup de maux à l'homme qui en prend l'habitude, par fantaisie ou par occasion, doit être banni de la société, qu'on doit en défendre la fabrication, , qu'on doit le réléguer dans les pahrmacies, et que comme médicament, on ne doit encore l'employer que rarement, et autant qu'on peut lui en substituer d'autres qui puissent avoir ses propriétés sans avoir ses inconvéniens.[341]

Il dottor Arvers trattò anche del tabacco da masticare, usato in prevalenza da marinai, soldati e gente del popolo. Aveva constatato che la masticazione prolungata provocava anch'essa una sorta di intossicazione; infatti anche in questo modo la nicotina agisce sul nostro organismo e crea dipendenza. Inoltre, questo metodo di somministrazione risultava peggiore per il fiato, i denti e le gengive.[342]
Non era tutto, il medico riportò alcuni esempi di cattivo uso del tabacco che potevano causare molti problemi alla salute, come ad esempio mettere il decotto di foglie di tabacco sullo stomaco: per prima cosa provocava il vomito e in seguito un'irritazione sulla zona trattata.[343] Trascrisse anche un esempio molto particolare dell'uso scorretto del tabacco:

> Une femme voulant guérir ses enfants de la teigne et détruire la vermine qui les rongeait, les frotta avec une pommade composée de beurre et de poudre de tabac ; bientôt après, ils furent tous asisis de vertiges, de nausées et de violens vomissemens, de défaillance, de chaleur ardente et de sueurs ; ils tombèrent ensuite pensant vingt-quatre heures dans un état sembamble à l'ivresse.[344]

Di esempi a suo favore, Arvers, ne riportò molti nella sua tesi: più esempi portava a suo favore più essa poteva essere approvata e apprezzata, ovviamente. Gli esempi spaziavano dai decotti, come abbiamo visto, al semplice tabacco in polvere, al distillato di tabacco, all'olio, etc. In poche parole, tutto ciò che per molti medici veniva considerato miracoloso, Arvers lo reputava dannoso.
L'autore continuava la sua dissertazione esponendo tutti i casi in cui il tabacco poteva essere reputato un medicinale. Uno tra tutti come rimedio contro la peste, scriveva Arvers:

> Quelques auteurs, et surtout Diemerbroek[345], ont vanté le tabac comme excellent préservatif contre cette maladie ; d'autres, au contraire, ont blâmé son usage. Il est bien certain cependant que ceux qui fument avant de fréquenter les lieux où l'air est corrompu sont moins frappés de son odeur infecte ; ils sont en quelque sorte evellopés d'une atmosphère de fumée de tabac qui empêche l'exhalaison que dégagent les malades de les impressionner aussi vivement que ceux qui n'ont point cette habitude. Elle paraît d'autant plus convenable dans la peste et autres maladies contagieuses, que, par son âcreté, la fumée force de rejeter la salive qui fournit un véhicule aux miasmes. De plus, les boissons que l'on prend après avoir fumée se chargent, ainsi que la salive, de son odeur empyreumatique, qu'elles portent dans les viscères de la digestion ; enfin les gaz méphitiques contenus dans l'air qu'on respire peuvent aussi éprouver quelques modifications par la même cause, et devenir moins nuisibles.[346]

Il fumo, quindi, risultava una sorta di antidoto alla peste ma anche per le altre malattie contagiose. Il dottore però continuava precisando:

---

339 Lorry, Anne-Charles, medico francese, tratto dal testo *De melancholia*. Crosne, 1726 – Bourbonne les Bains 1783.
340 L.-A. Arvers, *Essai sur le tabac*, Paris, 1815, p. 17.
341 J.-F. Blanc, *Essai sur l'usage et l'abus du tabac*, Montpellier, 1806, pp. 26-27.
342 L.-A. Arvers, *Essai sur le tabac*, Paris, 1815, p. 18.
343 *Ibidem*, p. 19.
344 *Ibidem*, p. 19.
345 Isbrand van Diemerbroeck, medico olandese, tratto dal testo *Tractat de Peste*. Montfoort, 1609 – Utrecht, 1674.
346 L.-A. Arvers, *Essai sur le tabac*, Paris, 1815, p. 23.

▲ Vignetta sui doganieri francesi, 1813-1814, Wijnand Esser. Al centro una pianta di tabacco (Riikmuseum)

Il résulte de tous ces faits que la fumée de tabac ne peut être regardée comme un préservatif infaillible contre l'action des miasmes délétères de la peste, mais qu'elle a garanti de leur impression un assez grand nombre d'individus pour que son utilité ne soit point méconnue. Nous pensons que l'usage de fumer, réuni à l'emploi des autres moyens recommandés par la précaution, peut être très-utile aux médecins qui sont employés dans les hôpitaux militaires, ou dans tout autre endroit, lorsque des épidémies de maladies contagieuses y exercent leurs ravages. Ce préservatif sera d'autant plus efficace, que l'on n'y sera point accoutumé.[347]

Lo stesso Arvers aveva provato a fumare, ma l'esperienza non fu delle migliori; dovette infatti mettersi a letto a causa di un forte senso di vertigine e vomito. In poco tempo si addormentò e sudò molto. Il giorno dopo riprovò a fumare ed ebbe solo un senso di stordimento; infine, solo il terzo giorno fu in grado di riprendere servizio nell'ospedale militare dove lavorava.[348]

Riguardo l'uso del fumo di tabacco nei clisteri il medico sosteneva che «L'injection de la fumée doit donc être plus funeste qu'utile, si la hernie est étranglée, et c'est avec raison qu'on a renoncé à son usage dans ce cas.»[349]

Al contrario per la stitichezza era prescritto.[350] Altre malattie per cui si consigliava il fumo di tabacco erano: apoplessia, epilessia e isteria.[351] Utile risultava altresì, secondo Anvers, per curare le ulcere, specialmente quelle infette, che venivano curate con i decotti delle foglie di tabacco: gli insegnamenti degli Indiani d'America risultavano ancora efficaci nel 1815.[352]

---

347 *Ibidem*, p. 25.
348 *Ibidem*, p. 25.
349 *Ibidem*, p. 27.
350 *Ibidem*, p. 29.
351 *Ibidem*, p. 28.
352 *Ibidem*, pp. 30-31.

5.6. CONCLUSIONI

Possiamo notare che, anche se questi dottori si schierarono apertamente contro l'uso del tabacco, non lo furono "a tutto tondo": erano contro l'olio, gli impiastri, l'acqua di tabacco, ma non contro il fumo di tabacco che, secondo loro, in poteva invece essere consigliato contro specifiche malattie. Anche in alcuni casi il decotto di foglie di tabacco era comunque un buon rimedio, in quanto risultava un buon disinfettante.

Gli esempi prettamente francesi mostrano come si volesse lasciare il beneficio del dubbio a determinati usi del tabacco; al contrario, al di fuori del Regno di Francia, i luminari della medicina erano più denigranti verso il tabacco in modo globale. Pensiamo per esempio al tedesco dottor Warner, «La courte vie des habitans des pais chauds, en est une preuve. Ils ne la doivent qu'à la trop grande challeur, qui, comme le tabac, consume l'humidité, et produit le desséchement des solides, avant-coureur de la mort.»[353]

La svolta, perlomeno in campo medico, fu data dai laureandi Blanc e Arvers, che con le loro tesi scientifiche dimostrarono, con logica ed esempi, le cattive abitudini dell'abuso di tabacco sia se assunto in fumo, in polvere o masticato, ma soprattutto somministrato in altri modi. Purtroppo a livello di conoscenza popolare si dovrà aspettare almeno un secolo, ma quantomeno nelle alte sfere il dubbio venne instillato.

Sicuramente già il fatto che avessero tolto una buona parte dei rimedi a base di tabacco aiutò molto, ma bisogna ricordarsi che ancora negli anni del secondo dopoguerra il fumo di tabacco veniva consigliato per alleviare la tensione ai nervi e anche per disturbi quale la balbuzie: si pensi a Giorgio VI d'Inghilterra, padre dell'attuale regina Elisabetta II. Si dovrà quindi aspettare la moderna medicina, più accurate autopsie e gli esami più avanzati del XX secolo per giungere alla totale condanna del tabacco, assunto sotto qualunque forma.

In questi ultimi capitoli abbiamo potuto verificare come, ancora nel corso del XVIII secolo, la valutazione medica del tabacco fosse ancora molto controversa. Certo, come già detto, dal punto di vista popolare il tabacco rimase per secoli quella panacea miracolosa giunta dal Nuovo Mondo che curava ogni male. Anche se un gruppo ristretto di medici sostenne una visione parzialmente o totalmente contraria, la credenza era oramai troppo radicata.

A questo si aggiunga che la consuetudine era una pratica, se non proprio uno stile di vita, ancora lontana dall'essere mitigata dall'epoca dei lumi. Con ciò non significa che non ci fossero avvisaglie di una nuova generazione di pensatori, ma che il sapere popolare rimaneva confinato a quelle esperienze tramandate di generazione in generazione.

---

[353] J. Warner, *Observations de chirurgie, où l'on en trouve de remarquables sur les effets de l'agaric de chéne dans les amputations, et la composition des bougies, souveraines dans les maladies de l'urètre. Traduites de l'anglois de M. Warner,... Auxquelles on a joint deux lettres d'un médecin de Londres [à un gentilhomme de Bath] dont la première contient des règles pour conserver la santé jusqu'à un âge fort avancé, avec quelques observations sur l'usage du tabac, et la seconde fait connoître l'abus des remèdes empyriques. Traduites aussi de l'anglois*, 1757, Paris, pp. 240-241.

▲ Vignetta con il re d'Olanda e il delfino (Rijksmuseum Amsterdam)

IL TABACCO NELLA SOCIETÀ D'ANCIEN RÈGIME

6.1. IL TABACCO E LE BUONE MANIERE

L'uso del tabacco non si limitò al campo medico, anzi si diffuse a tal punto che vennero create delle regole *ad hoc* per poterlo assaporare anche in pubblico. Nell'Ancien Régime il fiutare aveva la stessa funzione socioculturale della cioccolata. La cultura di corte francese si diffuse in Europa durante il XVIII secolo e insieme a questa anche il ruolo di status symbol della classe superiore europea. Uno degli elementi caratterizzanti era proprio il tabacco da fiuto.

Tutto, all'epoca, doveva seguire un'etichetta precisa, una serie di azioni in un ordine prestabilito, che fossero eleganti e potessero essere accettate come distinzione da altri ceti sociali; si pensi, solo per citare l'esempio più noto, al Galateo di Giovanni Della Casa, testo nel quale aveva raccolto tutte le regole per potere essere accettati nella società civile. Nel 1750 vennero così scritte le regole, riportate anche da Schivelbusch nella sua opera *Storia dei generi voluttuari*, erano queste:

1. Prenda la tabacchiera con le dita della mano sinistra.
2. La porti ad avere la giusta posizione nella mano.
3. Batta con le dita sulla tabacchiera.
4. Apra la tabacchiera.
5. Offra la tabacchiera.
6. Ritragga di nuovo a sé la tabacchiera.
7. Tenga la tabacchiera sempre aperta.
8. Raduni il tabacco all'interno della tabacchiera battendone il lato con le dita.
9. Prenda con attenzione il tabacco con la mano destra.
10. Tenga per un certo tempo il tabacco tra le dita prima di portarlo al naso.
11. Porti il tabacco al naso.
12. Fiuti in ugual modo da entrambe le narici senza dare alcuna smorfia.
13. Starnutisca, tossisca, espettori.
14. Richiuda la tabacchiera.[354]

Fu scritta anche la versione militare delle regole della buona presa di tabacco tratta da *L'art de déposiler la rate*, testo del 1756 di André Joseph Panckoucke, edizioni Gallipoli de Calabre:

Esercizio militare della Tabacchiera

1. Prendi la tabacchiera con la dritta.
2. Passa la tabacchiera nella sinistra.
3. Batti sulla tabacchiera.
4. Apri la tabacchiera.
5. Presenta la tabacchiera alla Compagnia.
6. Ritira a te la tabacchiera.
7. Raduna il tabacco e batti sul cerchio della tabacchiera.
8. Prendi una presa di tabacco con la dritta.
9. Tienlo un poco tra le dita prima di presentarlo al naso.
10. Presenta il tabacco al naso.
11. Annusa giusto con tuttadue le nari.
12. Non far brutto viso.
13. Serra la tabacchiera. Starnuta, sputa, soffiati il naso.[355]

---

[354] W. Schiwelbush, *Storia dei consumi voluttuari. Spezie, caffè, cioccolato, tabacco, alcool e altre droghe*, Milano, Mondadori, 1999, p. 145.
[355] A. Advice, *Storia meravigliosa del tabacco*, Roma, Canesi, 1965, pp. 55-56.

I due elenchi di regole erano pressoché identici, anche se il secondo sicuramente più di gusto satirico. Oltretutto, nel secondo elenco di procedure, il punto undici e il tredici sottintendono altri gesti; il tredicesimo ad esempio era da suddividere in quattro fasi: chiudere la tabacchiera, starnutire, sputare e soffiarsi il naso.

Un testo iconico fu anche *Le bon Usage du tabac en poudre, les différentes manières de le préparer et de le parfumer* di Claude Brunet, pubblicato a Parigi nel 1700. Come abbiamo visto già in precedenza nel capitolo 1, l'autore del testo rappresentò in poche parole la realtà di Parigi:

> *On use aujourd'hui du Tabac autant à la Cour qu'à la Ville; on voit les Princes et les grands Seigneurs s'en servir comme le peuple; il a part aux inclinations des Dames les plus illustres, et les Bourgeoises qui tâchent de les imiter en tout, ne s'oublient point en cette occasion. Il est la passion de Prélats, des Abbés et des Religieux même; et nonobstant les défenses des Papes, les Prêtres en Espagne ne font aucun scrupule de s'en servir en disant la Messe, et d'avoir la Tabatière ouverte sur l'Autel, tant la Coutume ou l'habitude à prendre du Tabac prévaut aux remontrances et aux commandements.*[356]

La tabacchiera era elemento imprescindibile dello stile rococò, come lo era il bastone per gli uomini e il ventaglio per le dame. Oltre al valore strettamente pratico, la tabacchiera, come abbiamo già visto, aveva un valore ornamentale imprescindibile per la classe nobiliare: si pensi a alla tabacchiera regalata dal re di Spagna alla sorella di Luigi XIV che «sembra abbia avuto un valore di un milione e mezzo di livres»[357] o le 52 tabacchiere d'oro ricevute come dono di nozze da Maria Antonietta nel 1770[358].

Se il fumo era già considerato dagli uomini non adatto al ceto nobiliare, sicuramente lo era ancora meno per le donne: le donne infatti non fumavano, ma fiutavano il tabacco, in quanto molto più elegante e indicativo di appartenenza ad un élite.[359] Inoltre, come vedremo proseguendo nel capitolo, il tabacco da fiuto poteva essere aromatizzato e reso quindi più adatto alla sensibilità femminile.

Nel XVIII secolo, quindi, in Francia fumare tabacco era considerato poco educato e nobile, come riporta una cronaca dell'epoca intitolata *Les fumeuses des pipes*:

> A mezzanotte, *Monseigneur*, passando, per rientrare nelle sue stanze, innanzi all'appartamento semichiuso della Signora Duchessa, ne vide uscire una spessa nuvola di fumo. Estremamente spaventato, si precipita nell'appartamento che crede in fiamme…E che vede entrando? Dieci donne sedute intorno ai resti d'una delicata cena, con un ufficiale delle guardie svizzere in mezzo a loro, avendo tutte, come lui, una pipa tra i denti. Come dipingere la sorpresa del Delfino a questa visione? Mi pare di vederlo, con lo sguardo fisso, la bocca aperta e la mano immobile presso la falda del suo cappello, che la sorpresa gli ha impedito di togliersi.[360]

Un sommo consumatore di tabacco in polvere, nonché uno degli ultimi, fu Napoleone:

> quella lunga, sottile tabacchiera d'oro che continuava meccanicamente ad aprire per prendere una presa di tabacco, che aspirava senza fare alcun rumore, e di cui la gran parte cadeva sul bavero bianco dell'uniforme sino a che questo era tutto impolverato, e ultimo ma non meno importante il meccanico movimento all'indietro del braccio per porgere la tabacchiera al ciambellano, che subito la riempiva e gliela restituiva.[361]

6.2. L'ARTE DI PROFUMARE IL TABACCO.

La Francia, fin da tempi remoti, è stata famosa per le sue *maison* di profumi. Infatti per rendere il tabacco meno sgradevole per i gusti francesi, si adoperarono per profumarlo e renderlo più piacevole sia per gli uomini che per le donne. Uno dei primi a mostrare degli esempi di profumazione del tabacco fu Jean Ospendorpf. Per esempio nel 1636 scrisse una ricetta per una pomata profumata:

---

356 Cfr. capitolo 1.
357 W. Schiwelbush, *Storia dei consumi voluttuari. Spezie, caffè, cioccolato, tabacco, alcool e altre droghe*, Milano, Mondadori, 1999, p. 146.
358 *Ibidem, p. 38.*
359 V.G. Kiernan, *Storia del tabacco*, Venezia, Marsilio, 1983, pp. 86-87.
360 A. Advice, *Storia meravigliosa del tabacco*, Roma, Canesi, 1965, p. 29.
361 V.G. Kiernan, *Storia del tabacco*, Venezia, Marsilio, 1983, p. 173.

> *Prenez deux livres de suif de chevre battu en vin blanc pendant un iour, iusqu'à ce que ce suif ne boive plus de un, mettez-le apres dans un plat plein d'eau rose; adjoustez y deux onces d'iris de Florence pilée, poudre de girofle, une once, benjoin aussi mis en poudre demie once, & les laissez pendant 24 heures, puis faites-les cuire à feu lent dans un pot bien couvert iusques à la consomption de l'eu rose, en remuant souvent avec une spatule de bois: enfin le coulerez par un ligne espais & net dans un verre demi plein d'eau rose, & les mettrez au Soleil durant quelques iours.*[362]

Un altro esempio era l'acqua profumata per signori: «Prenez eau rose trois onces, eau de lavende deux onces, benjoin trois dragmes, civette demie drachme, muse Oriental deux scrupules»[363]. Si doveva poi mettere tutto in acqua e lasciare al sole per 2 giorni.
L'ultimo segreto di Ostendorpf era dedicato alle ragazze:

> *Prenés un morceau d'ambre blanc que la mer de Pologne iette en abondance, mettés le dans une boite trouvée que l'on faict expressement pour tenir les odeurs, & estant prez des filles qui d'ordinaire se plaisent aux choses suaves en vous jouant avec elles leur faites sentir & odorer cette boite: car celles qui seront corrompues ne se pourront tenir qu'elles ne pissent incontinent : que si elles sont pucelles elles retiendront leur par une vertu & proprieté occulte qui est specifiquement affectée à cet ambre, comme il à esté esprouvé.*[364]

I modi di profumare il tabacco furono molti, anche in base all'intensità e all'aroma prescelto. Gli elementi base erano ovviamente il tabacco e erbe o fiori o essenze più o meno pregiate. Monsieur La Prade nel 1668 sosteneva che più comunemente si usavano ambra grigia, essenza di fiori d'arancio, gelsomino, tuberosa e muschio.[365]
Molte furono le preparazioni e le profumazioni, alcune molto più laboriose di altre, ma anche più costose in base alla ricercatezza della profumazione desiderata. Uno dei più famosi, nonché uno dei più riportati nei testi che potuto analizzare, era quello di Pongibon. Monsieur le Prade descriveva così la preparazione: servivano due terzi di tabacco della Virginia e un terzo di quello del Brasile, che doveva essere purgato due volte con l'acqua dei fiori d'arancio.[366] Ma Claude Brunet scrisse un altro metodo per realizzare il tabacco di Pongibon:

> *On prend une livre de Tabac jaune parfumé à la fleur d'orange, on broye dans un petit mortier douze grains de civette, avec un petit morceau de sucre, le tout érant bien vroyé ; on y met un peu de Tabac que l'on mêle avec le pilon, on en remet encore que l'on mêle derechef, on continue de la sorte jusqu'à ce que le mortier soit rempli ; on le verse avec le reste de la livre de Tabac, et on brasse bien le tout avec les mains, puis on met du même Tabac à moitié plein le mortier, et on verse une demie-once d'essence de fleurs d'orange que l'on mêle bien avec le pilon, on acheve d'emplir le mortier de Tabac, afin de mieux mêler bien avec les mains, et on a du Tabac d'agreable odeur, et qui dure long-tems sans paroître gras, quoique l'essence soit grasse, pourvû que l'on n'augmente pas la dose marquée. Si le Tabac est parfumé aux fleurs de jasmin, et ainsi des autres fleurs. Toute sorte de Tabac se peut parfumer de cette maniere.*[367]

L'essenza dei fiori d'arancio è sempre presente, ma la descrizione che fece Brunet risulta molto più dettagliata, probabilmente perché col tempo i metodi di profumazione erano cambiati ed erano stati affinati. Le profumazioni erano molte e Brunet le riporta tutte, sostenendo che i fiori più comunemente usati erano: arancio, gelsomino, rose comuni, rose moscate e tuberose; gli altri fiori, spiegava, non venivano usati perché non conferivano profumo e, anche quando lo facessero, esso svaniva rapidamente. In ogni caso il metodo utilizzato in Francia per fare le profumazioni più semplici era di depositare in una cassa uno strato di tabacco in polvere e uno di fiori: ogni dodici ore i fiori andavano cambiati e il procedimento doveva essere ripetuto per almeno quattro o cinque giorni.[368] Altri preparati prevedevano l'uso di boccioli di rosa, fiori diversi contemporaneamente (definito Tabacco dei Millefiori) o anche con le acque profumate di qualsiasi tipo di fiore. Famosi erano il tabacco muschiato o

---

362 J. Ostendorpf, *Traicté de l'usage et abus du tabac*, Bordeaux, 1636, p. 14.
363 *Ibidem*, p. 15.
364 *Ibidem*, p. 16.
365 J. Le Royer Prade, *Discours du Tabac, ou il est traité particulierement du Tabac en poudre. Avec des Raisonnemens Physiques sur les vertus & sur les effets de cette Plante, & de ses divers usages dans la Medicine*, Paris, 1668, p. 89.
366 *Ibidem*, pp. 89-90.
367 C. Brunet, *Le bon Usage du tabac en poudre, les différentes manières de le préparer et de le parfumer*, Paris, 1700, pp. 55-56.
368 *Ibidem*, pp. 49- 50.

ambrato. Si ricorreva anche ai frutti, come per esempio il tabacco al bergamotto, al cedro o i neroli; in questo caso si usava il succo di tabacco e lo zest. Alcune profumazioni erano tipiche di determinati luoghi o create con profumi che richiamavano questi luoghi, si pensi al tabacco all'odore di Roma, di Spagna, di Malta o quello nero e bianco di Genova. L'odore di Roma, per citarne uno, era un mix di tabacco, acqua profumata ai fiori e ambra.[369] Monsieur La Prade scrisse anche riguardo alla profumazione del tabacco da fumo: alcuni nella scatola della pipa aggiungevano anice, finocchio, bois saint, legno d'aloe, iris, giunco di palude odorante, salvia o rosmarino.[370]

6.3. IL TABACCO E LA LETTERATURA

Durante il XVIII secolo il tabacco ebbe forse la sua epoca dell'oro, tanto che al suo uso furono dedicate poesie ed elogi. La prima poesia riguardante il tabacco che ho avuto la possibilità di analizzare si intitola Éloge du tabac en fumée ed è stata scritta a inizio XVIII secolo a Parigi da un certo Monsieur Bérin.

Tabac Ennemy du chagrin,
Plante que Bacchus à semée,
Amy sociable du Vin
Qui rend la débauche animée,
Qui fournit le contre poison
Aux maux que nous fait la raison,
Qui change le soins e célices,
Qui guérit les cœurs abattus,
Et qu'on met au nombre des Vices
Malgré de si rares Vertus !

Tabac mon unique elément,
Que tes vapeurs divertissantes
Suspendent agréablement
Mes affaires les plus pressantes :
Quand je fume tous mes soucis
Dans un moment sont adoucis ;
Qu'on fasse la paix ou la guerre,
Que nos vins soient chargez d'impôts,
Qu'il ne croisse rien sur la terre
Ma pipe me met en repos.

Bien loin de penser aux affrires
Je prens plaisir avoir rouler (router)
Les ondes que je fais couler (couter)
Pour y bâtir mille chiméres
Je m'y forge des biens si grands
Qu'encor qu'ils ne soient qu'aparens
J'y trouve de vrais avantages :
Quelque fois j'y crois voir le Roy
Descendre en de pompeux nuages
Pour me donner un grand employ.

Ha ! qu'il est doux le ventre plein,

---

369   Ibidem, p. 57.
370   J. Le Royer Prade, *Discours du Tabac, ou il est traité particulierement du Tabac en poudre. Avec des Raisonnemens Physiques sur les vertus & sur les effets de cette Plante, & de ses divers usages dans la Medicine*, Paris, 1668, p. 98.

Prenant de fantasques postures,
De repasser la pipe en main
Dans son esprit mille avantures :
Les sourcils à demy froncez
On songe aux accidens passez
Pendant que la pipe s'allume,
Et dans ce muet entretien
Il semble deslors que l'on fume
Que l'on n'a plus besoin de rien.

Il plaît en mer comme à la ville,
Que feroit-on sur un tillac
Si t'on y manquoit de Tabac !
En tout, partout il est utile,
Tous les soldats, tous les osifs,
Tous les tristes speculatifs
Mouroient dans leur melancolie,
S'ils n'avoient pas cet entretien :
Quand ce seroit une folie
La sagesse fait moins de bien.

Fortune amour, tous vos revers
N'ont plus enfin rien qui m'exite,
Je ne chanter dans mes vers
Que le Tabac et son merite :
C'est mon foible, il faut l'avoüer,
Mais lors que voulant le loüer
Ma muse n'est pas animée,
Mon mour plus ingenieux
Me le fait reduire en fumée
Pour le porter jusques aux Cieux.[371]

La poesia era un elogio al tabacco da fumo, il quale si sposa con il vino di Bacco ed allevia qualunque dolore finanche un cuore infranto. Il vizio era meno importante rispetto alle virtù che gli sono attribuite. Veniva sottolineato il valore del fumo nei momenti di attività pressante: poter fumare la propria pipa era considerato un momento di riposo dalle preoccupazioni. In seguito il fumo della pipa deve aver fatto addormentare l'autore che ha una visione del Re che, scendendo da una nuvola, gli dà degli incarichi prestigiosi. Il fumo della pipa era un rituale, come lo era anche la sua manutenzione, si poteva eseguire ovunque (dalla città fino al mare) e, in tal modo, tutti potevano fumare: i soldati assaporavano il tabacco o sarebbero morti di malinconia, in quanto a questa pianta venivano riservate delle qualità che agivano a livello psicologico, in questo caso per mitigare la durezza della vita militare. Meglio, dunque, un pizzico di follia che la saggezza, che rendeva fin troppo chiare le difficoltà e i problemi dell'esistenza.

Come abbiamo potuto constatare, dato che dopotutto è un elogio, vengono qui illustrati solo gli aspetti psicologici positivi che il tabacco procurava alla mente. Rivolto al lettore, l'autore spiegava come il fumo della pipa fosse un momento di rilassamento, di riposo in una vita piena di preoccupazioni e pressioni. Il tabacco, specificatamente quello in fumo, era quindi considerato alla stregua di un amico, un consigliere nei momenti più bui della vita. Sicuramente ci mostra come questa pianta fosse apprezzata, specie per le sue capacità di agire sulla mente umana; siamo nel primo ventennio del Settecento, i medici si sono schierati a favore del tabacco, quasi tutti, a parte qualche piccola eccezione, sono a favore di questa pianta. Sebbene, la particolarità che si

---

371 Bérin, Éloge du tabac en fumée, Paris, 172?.

può riscontrare, è che venne elogiato un particolare tipo di tabacco: quello in fumo, che in realtà era il meno consumato nella società francese dell'epoca.

ELOGE DU TABAC EN VERS

Remede universelle, Quintessence animée
Tabac, qu'avec plaisir je vois ta renomee,
Malgré les Souverains, et leus cruels Arrêts,
Faire chez les mortals de furprenans progrès !
C'est en vain qu'Amurat, Prince d'Ailleurs si sage,
De tes dons préceux a dé sendu l'usage ;
Que les Ducs à Moscou, qu'en Perse les Sophis,
Ont rendu contre toi les plus sanglands Edits.
Qu'en Danemarc les Rois, comme dans l'Angleterre,
Redoutant tes effets, t'ont déclaré la guerre ;
Qu'on ne l'honore pas d'un nom plus glorieux ?
Saine-sainte, céleste, aimable don des Dieux,
Adorable, immortelle, angelique, sacrée,
Je la croi par ces noms beacoup, plus honorée.
Ainsi chacun vouloir avec habilité
Faire passer son nom à la posterité.
Plante, de nos plaisirs source toújours séconde,
Dont l'usage et le nom sur la terre et sur l'Onde
Font la joye et l'honneur de cent cantons divers,
A ta gloire aujourd'hui je consacre ces vers.
C'est toi qui contribue aux douceurs de la vie ;
C'est toi qu'on donne et prend sans causer de l'envie ;
Ta force naturelle est à nôtre adorat
Un mets déliceux, charmant, fin, délicat ;
Et si je ne me trompe, on lit en certaine livre
Que qui vit sans tabac n'est pas digne de vivre.
Des cardinaux, du Pape, et sans exception,
Des Abets, des Prélats tu faits la passion.
On t'estime à la Cour, aux champs comme à la ville,
Soit en paix, soit en guerre étrangere ou civile.
Aux inclinations des Dames de la Cour,
Tabac, nous te voyons avoir part en ce jour.
La bourgeoise imitant leur mode et leur maniére,
Ne paraitroit jamais sans une tabatiére.
Les Empereurs, les Rois, les Princes, le Soldat,
En usent volentiers avec le Tiers-Etat.
Dans la fertile Asie et la riche Amérique,
Dans l'Europe puissante, et dans la seche Afrique,
Il n'est homme grossier, il n'est homme poli,
Qui prenant du tabac, ne soit homme accomplit.
Veut-on les fluxions détourner la matiére,
Le remede infaillible est dans la tabatiére.
Veut-on remedier aux humeurs vicieuses,
Rabattre les vapeurs incommodes, fâcheuses,
Adoucir de la toux les violens essorts,
Rappeller les esprits et faire un autre corps,
Se délivrer enfin d'un horrible caterre,

L'antidote à tous maux croît dans votre parterre.
Aux nerfs de l'estomach ôtant le sentiment,
Il supplée aux défauts, même de l'aliment.
C'est divin Nepente, à ce qu'a dit Homére,
Qui nos faits de la vie oublier la misére,
Fût-on infirme, pauvre, et dans un fort affreux,
Dés qu'on en sçait user, on est sain, riche, heureux.
Rejette qui voudra son soufre narcotique,
Qu'un sevére censeur en tous lieux le critique,
Qu'il l'appelle cent fois le fleu de l'estomach,
Ma seule ambition est d'avoir du tabac.
Quiconque en est fourni possede toutes coses,
Il sçait des élemens l'origine et les causes,
En bon Physicien il peut les préserver.
En parler autrement, c'est être fou, bizare,
Chimérique, ignorant, misantrope, barbare,
Avoir l'esprit, le corps et l'ame de travers,
Tel qu'on ne peut enfin le dépeindre en des vers.
O jour ! Jour fortuné pour nôtre Monarchie,
Où la France se vit par Nicot enrichie
D'un trésor qui croissant dans cet heureux climat,
Grossit les revenus du plus grand Potentat ;
Qui prolonge les jours d'un peuple franc, fidele,
Qui seul au genre humain peut servir de modele ;
D'un peuple généreux, poli, sçavant, guerrir,
Qui moissonne en heros la palme et le laurier ;
D'un peuple que toûjours accompagne la Gloire,
Qui vainqueur sçait user des droits de la victoire ;
D'un peuple aimé du Ciel, et sans égard au rang,
Pour l'Etat, pour son Roi prodigue se son sang ;
Qui conserve toûjours sa place dans l'Histoire,
Et des tems reculez rappelle la memoire,
Prêt à répondre encore à tout victorieux,
Qu'il n'apprehende rien que la chûte des cieux.
Rape, qui me fournis cette poudre divine
A quelle espece de tabac,
De Virginie ou de Clerac,
Je dois soir et matin, en tous lieux, à tout âge,
Rendre un sincére hommage ;
Puisses-tu malgré les rigueurs
Des trois impitoyables Sœurs,
Après deux fois cinquante années,
Aussi saines que fortunées,
Réjouir, purger mon cerveau,
Me faire de la vie, à couvert des alarmes,
Encor goûtes les charmes,
Et boire avec plaisir et vin dieux et nouveau. [372]

L'autore, purtroppo ignoto, scrisse questo elogio in versi riprendendo la storia di come il tabacco arrivò in Francia (attraverso l'opera di Jean Nicot) e di tutti coloro che furono contro la pianta miracolosa. Infine illustra

---

[372] Autore ignoto, *Eloge du tabac en vers*, 1719, pp. 1-7.

▲ Vignette illustranti la produzione e lavorazione del tabacco, XIX - XX secolo (Rijkmuseum Amsterdam)

le grandi opportunità e la ricchezza che il tabacco portò alla Francia e alla società francese. Le parole usate dall'autore per descrivere il tabacco sono un crescendo di adulazione: Saine-sainte, céleste, aimable don des Dieux, adorable, immortelle, angelique, sacrée, sono solo alcuni degli aggettivi di cui l'autore si servì per descrivere il suo amore per il tabacco. Anche qui l'autore mostrò come il tabacco fosse diffuso nella società, ma non specifica, al contrario dell'opera precedente, di che tipo di lavorazione del tabacco si stia riferendo. L'autore giunse perfino a sottolineare che l'utilizzo del tabacco era per l'uomo ben educato: possiamo confermare che la società accettava e, anzi, parrebbe che fosse una moda alquanto apprezzata.

In *Le Tabac, epitre se Zerlinde à Marianne*, del 1769, l'autore, anche in questo caso ignoto, si schierava contro l'uso del tabacco da parte delle donne. Infatti sosteneva che il tabacco cambiasse «l'odeur des roses de la bouche de jolies femmes, quel ravage plus affreux peut-il faire sus ces objets si chéris!»[373], dopotutto quell'odore faceva fuggire gli uomini. Aggiungeva inoltre «Je le regarde dans une damoiselle comme la suite d'une mauvaise éducation, et souvent l'écueil de sa sagesse, parce qu'il rend les jeunes gens qui l'approchent trop familiers, en donnant jour à des offres réciproques»[374].

Al contrario poteva perdonare quei «bonnes vieilles»[375] che amavano il tabacco e lo usavano come divertimento senza far torto a nessuno. «Mais que la jeunesse qui plaît par elle-même, & la beauté encore plus intéressante, & sur qui tous les yeux sont avidement ouverts, que ces deux graces conservent tous les dons précieux qu'elles on reçu de la nature.»[376]

L'autore trasse la sua conclusione sostenendo che la bellezza era una delle ricchezze della terra, come il firmamento, che faceva brillare gli occhi di chi la guardava, quindi «tous les amantes s'accordent à détourner leurs amantes d'un caprice si dégoûtant»[377].

Interessante è la vignetta aggiunta dall'autore del testo:

▲ *Figura 2: Autore ignoto,* Le tabac, epitre se Zerlinde à Marianne, *Geneve, 1769, p. 8.*

---

373 Autore ignoto, *Le tabac, epitre se Zerlinde à Marianne*, Geneve, 1769, p. 3.
374 *Ibidem*, p. 4.
375 *Ibidem*, p. 5.
376 *Ibidem*, p. 6.
377 *Ibidem*, p. 7.

La didascalia recitava così:

> Elle représente une chambre éclairée d'une lumiere placée sur une table à gauche dans le fond, à droite, on voit Marianne assise sur un sopha, essuyer les yeux de son Amant; ce dernier dans une situation tendre, s'abandonne aux fantaisies amoureuse de son Amante.[378]

Per maggiormente convincere la destinataria delle proprie idee, l'autore aggiunse una poesia.

Croyez-moi, Marianne, il n'est rien sur la terre
Qui convienne si mal, à celle qui veut plaire.
Qu'un nez qui s'habitue à prendre du Tabac :
Ce petit trait, chez vous, si beau, si délicat,
Dont je suis amoreaux, vous voulez qu'il grossisse,
Non, je ne puis souffrir qu'un poison le flétrisse.
Ah ! que ce soit plutôt les baisers de l'amour,
Que sur ce bel yvoire ils volent tour à tour.
Attendez que le tems ait effacé vos charmes,
Pour oser affoiblir vos plus puissantes armes,
Ne négligez jamais aucun de vos appas,
Sans eux, on a beau faire, on ne nous touche pas.
Les lys ne se sont pas périr dans praire ;
Si la rose se séche après qu'elle est fleurie,
Pendant qu'elle a son tein & sa vive couleur,
Pendant que la saison lui laisse la fraîcheur
Elle sçait profiter du temps de sa jeunesse ;
La violette enfin, jusques à sa vieillesse,
Sçait conserver l'éclat de son sein velouté ;
Et se parer toujours de sa triple beauté.
Comme eux embellisez d'une noble parure,
Les charmes que sur vous prodigua la nature.

Que le sexe entend mal ses propres intérêts !
Lui mêmese ravait tous ses plus beaux attraits !
Pleins de Tabac, les doigts de sa main potelée,
Peut tenir de son sein la blancheur dévoilée,
Et brouillent de sa peau l'azur & le satin,
On n'y respire plus & le myrthe & le thin,
Jusqu'aux tendres soupirs en ressent l'atteinte.

Ce sexe si charmant, on l'aborde avec crainte ;
Car malgré tous ses soins, malgré sa propreté,
Nous aurions, près de lui, l'odorat infecté.
Delà, n'en doutons plus, la triste indifférence,
Que l'amant pour l'amante, a même en sa présence :
Parmi tous ses discours plus de langage doux,
Il s'arrête, en voulant tomber à ses genoux.
Tel le foid mortifie une fleur trop précoce,
Il n'a plus de l'amour qu'une apparence fausse,
Le charme de ses yeux, tendre enfant de l'erreur,

---

378 Ibidem, p. 8.

Expose son amante en un jour moins flatteur,
Et en lui montre plus ses grances si piquantes.
L'ennui vient dévorer ces filles éloquentes,
La stérile langueur (dans son plus bel atour),
Barbouille tout entier de tableau de l'amour,
Des diamans de son front l'élégante lumiere
Ne produit plus l'effet de sa beauté premiere.

Ce sexe aime nos feux, c'est lui les éteint,
Ah ! voyez-moi plutôt vous couvrir de jasmin,
Courber de l'oranger les fleurs voluptueuses,
En faire près de vous de couches amoureuses ;
Et n'infectons jamais le Temple de l'Amour,
Au Tabac pour toujours reninçons tour à tour :
Si tous le haïssaient comme je le déteste,
Aux épouses on pourrait l'rodonner au digeste ;
Et l'on verrait bientôt les femmes de Paris,
Garder enfine la foi jurée à leurs maris.

Comme un nouvel Arnaud, suivant une autre Armide,
Je puis étudier le penchant qui vous guide ;
Mais quand vous me verriez dans mes douces ardeurs,
Confondre votre haleine avec celle des fleurs,
Et quand je me plairais à la fleurer de même,
Il faudrait m'éloigner du tendre objet que j'aime ;
Il faidrait voir de loin l'éclat de vos appas,
Voulez-vous m'arracher vous-même de vos bras ?
Ah ! faites-moi jouir de mon bonheur extême,
Et ne m'opposez pas la nature elle-même.

Dans le vôtres, mes yeux sont prêts à s'enflâmer,
Se verraient-ils, par vous, contraints de se fermer ?
Ne leur ravissez pas une image si tendre,
Marianne à mes vœux consentez à vous rendre :
Si l'amour dans nos cœurs commande à la raison,
La répugnance fait à l'amour la leçon :
Et l'on verra la terre où Flore se déploye,
Déborer à son fruit les larmes de sa joye,
Avant qu'on puisse, en moi, surmonter ce dégoût,
Que dis-je, avec l'amour on vient à bout de tout :
Vos charmes sont déjà garants de ma victoire ;
A vivre sous cos loix j'attecherai ma gloire.
Mais, hélas ! pourrez-vous en recueillir le fruit,
Si je m'arrache aux lieux où l'amour me conduit !

En vous ouvrant mon cœur, aimable Marianne,
Je ne dois pas penser que l'amour me condamne :
Ce cœur, en hésitant, plus sûrement se rend,
Et sur moi. Votre empire en demeure plus grand :
N'exaucerez-vous point une juste prière ?
Mais quel est le serment que vous venez de faire ?

Ne m'abusai-je point ? M'aimeriez-vous assez ?
Et d'un maudit caprice......Oui, vous y renoncez.
Mon amour me devient un retour nécessaire,
Je ne songerai plus désormais qu'à vous plaire,
Mes désirs & mes vœux son tout-à-fait remplis.
Reprenez donc l'éclat des roses & des lys :
De même ue l'on voit Flore odorisérente,
(Quand l'ombre fuit devant l'aurore éteincelante),
Retrouver ses couleurs & son bel incarnat,
Tout flâte mon penchant & rien ne le combat,
Je saisis votre main, & déjà je la presse
D'amoureuses douceurs mélangent ma tendresse ;
Le gage de l'amour dan notre heureux loisir,
Séche mes yeux baigés des larmes de plasir,
Vous les éclaircissez par cette peine,
Comme un miroir terni par votre douce heleine.
Venez-y retrouver votre image & vos traits,
Et que le tendre Amour les y grave à jamais.[379]

La poesia voleva mettere l'accento su quanto il tabacco fosse dannoso per le donne: avrebbe fatto loro perdere la giovinezza, la loro freschezza; i baci non sarebbero più stati dolci, il naso si sarebbe ingrossato se avessero preso il vizio di fiutare il tabacco.
Alle donne era quindi sconsigliato il tabacco, anzi si potrebbe dire che l'autore avrebbe volentieri messo un veto. Stesso veto che Luigi XIV impose alle sue figlie, ma si sa che ciò che viene vietato diventa subito affascinante, così le principesse provarono a fumare dalla pipa di un ufficiale, ma per loro sfortuna furono sorprese e severamente rimproverate.[380] Non era in vigore un vero e proprio veto nei confronti delle donne per quanto concernesse il tabacco, semplicemente, secondo parte della società, non era indicato che una donna fiutasse o fumasse tabacco. Ma dopotutto il tabacco serviva a non pensare alla tediosità della vita quindi forse, viene da pensare, sarebbe servito ben più alle donne, che erano confinate a lunghe giornate in casa, come passatempo.
Monsieur Desmare, nel 1806, scrisse ben due poesie riguardanti il tabacco: la prima era indirizzati a coloro che facevano uso della presa di tabacco, la seconda, in chiave più satirica, era diretta al proprio naso.

ÉPÎTRE A DAMIS, ET A TOUS LES PRENEURS DE TABAC.

Vous, Damis, qui souvent d'un voisin curieux
Dans vos transports jetez du tabac dans les yeux,
Dont les honteux mouchoirs, exposés la vue,
Font reculer d'effroi les passans dans la rue ;
Et, vous tous, de cette herbe acharnés partisans,
Qui la prenez aussi dés vos plus jeunes ans,
Dont l'habit, le gilet, le mouchoir, la chemise,
Sont des témoins parlans de cotre gourmandise,
Souffrez que, comme ami, sage, éclairé, prudent,
J'ose vous prévenir du sort qui vous attend.
Mon âme, en vous voyant courir à votre perte,
A la pitié pour vous sans réserve est ouverte.
Oui, vous êtes l'objet de mes plus tendres soins.
C'est pour vous que j'écris : je connois vos besoins,
Et plains votre malheur. Dix ans de servitude
M'ont fait subir, hélas ! une épreuve bien rude ;

---

379 *Ibidem*, pp. 9-15.
380 V.G. Kiernan, *Storia del tabacco*, Venezia, Marsilio, 1983, p. 86.

Mais enfin, délivré d'un joug aussi honteux,
Je marche tête haute, et le nez radieux.
Je veux vous affranchir d'un si dur eclavage ;
Je veux briser vos fers ; oui, sans plus de langage,
Je veux rendre vos nez aussi clairs, aussi nets
Que des nouveaux louis comptés par nos Rolets.
Considérez pour vous quel honneur, quelle glorie
Damis, de remporter sur son nez la victoire :
» Ce nez qui, comme esclave, avait su l'asservir,
» Comme esclave lui – même est forcé d'obéir.»
Voilà ce qu'on dira. Voyez la folle Hortense
Dire en vous regardant d'un œil plein d'éloquence :
» Quoi ! c'est lui ! c'est le nez jadis tout barbouillé,
» Qu'on voyat du tabac indignement souillé !
» Grands dieux ! quel changement ! sans craindre la critique.
» Aujourd'hui l'on pourrait en faire une relique.»
Si ce touchant discours ne peut vous attendrir,
Sur vous voyez l'éclat qui doit en rejaillir ;
Voyez ces mouchoirs blanc qui, sortant de l'armoire,
Attesteront aux yeux votre illustre victoire ;
Qui toujours parfumés de rose ou de jasmin,
Régaleront le nez de quelque heureux voisin ;
Voyez tous ces jabots qui, sans tache honteuse,
Deviendront l'entretien de votre blanchisseuse.
Vains efforts ! à ma voix tous sont devenus sourds ;
J'entends déjà tenir contre moi ce discours :
» Quel est ce fanfaron qui, prenant la trompette,
» Va prôner en tous lieux d'une voix indiscrète,
» Qu'un sauvage rirait s'il nous voyait user
» Du tabac dont partout l'on ne peut se passer ?
» D'honneur, il est plaisant, c'est de lui qu'on peutrire,
» Et son esprit malade est atteint de délire ;
» Mais plutôt en effet s'il a pu s'en priver,
» Ce n'est que par orgueil, et dût-il en crever,
» Animé de l'esprit d'un ancien philosophe,
» Ou plutôt d'un vrai fou, taillé de même étoffe,
» Souffrit-il cent fois plus de la privation,
» Jamais il ne dira que le tabac soit bon.
» Pétit auteur, s'écrie un Crac de la Garonne,
» J'admire, cadélis, votré mincé personne ;
» Si dé tous mes aïeux, des premiers Carmagnac,
» Jé rémonte à la source, ils prénaient du tabac.
» Sandis, et démentant mon illustreorigine,
» Jé pourrais ! ... ah ! plutôt qué lé Ciel m'extermine.
» J'en ai pris, j'en veux prendre, et toujours j'en prendrai
» Jusqu'à ma dernière heure, ou bien jé né pourrai.
» Il purge mon cerveau, me réjouit, me flatte,
» Dit un autre, et pour moi vaut seul un Hyppocrate.
» Pour moi, dit celui-ci, c'est me prêcher en vain ;
» Je me passerais moins de tabac que de pain.»
C'est là de ses défaits caresser la faiblesse,
Et les flatter ainsi qu'on flatte une maîtresse.
Voilà donc de mes soins le salaire et le fruit ?

Voilà sur vous l'effet que mon discours produit ?
Ingrats ! quand pour vos nez je me consume en veilles,
Quand je souffre pour vous des peines sans pareilles,
Bien loin de réformer votre appétit honteaux,
Vous transmettez l'usage à vos derniers neveux.
La faute est-elle moindre, alors qu'on la partage ?
Ecoutons le trompeur et doucereux langage
Que tient un jeune époux à sa tendre moitié :
» Ma poule, tu connais pour toi mon amitié,
» Tu ressens quelquefois maux de tête et migraine,
» Souvent même on te voit te moucher avec peine :
» Crois-moi, prends du tabac, » ajoute e l'embrassement
Le lâche séducteur, qui perce en caressant ;
Et voilà justement, de traîtresse manière,
Comme un serpent perdit notre commune mère.
Je vous entends, Damis, rire de mon courroux.
Mais savez-vous enfin ce que l'on dit de vous :
» Vous parlez de Damis, je n'en suis point jalouse :
» Me préserve le Ciel que je sois son épouse, »
Dit Hortense. (Aussitôt l'on rit à vos dépens.)
» Vous ne connaissez pas ses plus beaux agrémens :
» Sachez que lorsqu'il prend mouchoir ou tabatière,
» Il faut de quatre pas reculer en arrière.
» - Damis ! dit Florimène, ô ciel ! y pensez-vous !
Je ne voudrais jamais avoir un tel époux.
-- Mais c'est un cavalier vraiment de belle mine.
-- Oui. - Grand, bien fait .- D'accord. - Une jambe divine.
-- J'en conviens .- L'esprit vif, agréable, charmant.
-- Il est vrai. - Des salons faisant tout l'agrément.
-- Fort bien. - On ne le voit entanché d'aucun vice.
-- Je le crois, mais il prend di tabac comme un Suisse. »
Voilà ce que l'on dit. Quoique de vos amis,
Que pourrais-je répondre à tout cela, Damis ?
Je vous l'ai dit cent fois, je le répète encore,
Ce que l'on a brûlé quelquefois on l'adore,
Et l'on brûle souvent ce que l'on adorait.
Cessez de votre nez d'être le bas valet ;
De cette poudre noire abandonnez l'usage
Que proscrivit jadis un médecin fort sage,
Ou bientôt je vous vois, vous et vos partisans,
Comme autrefois Sodôme et tous ses habitans,
Subir, tabac en main, la peine de vos crimes,
Et périr, de vos nez déplorables victimes.
Par un MEMBRE déjà la docte FACULTÉ
A prononcé l'arrêt contre vous tous dicté.
Appaisez, s'il se peut, la MÉDECINE entière,
Offrez pour la fléchir et pipe et tabachière.
De tous ces vils objets qu'on dresse un monument ;
Vous, preneurs de tabac, vous y ferez serment
De ne plus à vos nez donner une pâture
Qu'autorise l'usage et défend la nature,
D'abolir un sot us venu de nos parens,
De ne point le transmettre à tous vos descendans.

Alors, peut-être alors, la FACULTÉ contente
Vous ouvrira son sein comme mère indulgente ;
Et comme enfans chéris vous vivrez à loisir,
Et ne mourrez jamais que sous son bon plaisir.[381]

Questa prima era stata dedicata a un amico che per molto tempo abusò del tabacco da fiuto. L'autore fece notare che certo poteva capire l'amico, delle difficoltà nelle quali era incappato, ma il suo naso certamente non poteva essere in accordo.

Questo risultò un modo abbastanza umoristico di prendere una posizione nei confronti di un fenomeno che, ormai, in Francia era di gran moda: fiutare la polvere di tabacco. Ma era un vizio che faceva male alla salute, come i medici stavano iniziando a sospettare, e l'autore cercò quindi di far cambiare opinione all'amico e a tutti coloro che prendevano tabacco da fiuto, in modo da poter ottenere nuovamente una buona salute, cosa di cui anche il suo naso lo avrebbe ringraziato. Sicuramente l'idea che il tabacco fosse effettivamente dannoso per la salute non era ancora di dominio pubblico, però, evidentemente, qualche dubbio stava iniziando a insinuarsi nella mente di qualche acuto osservatore, quale poteva essere l'autore di queste due poesie.

Una seconda poesia la dedicò invece al proprio naso, organo che più degli altri veniva deturpato dall'uso di odorare il tabacco in polvere.

C'est toi, mon Nez, toi sevi à qui je veux parler ;
Je te vois des défauts que je ne puis céler.
- Des défauts, diars-tu ? quelle mouche te pique ;
A quoi tend ce discours malin et satirique ?
Je ne suis pas un Nez d'une énorme grosseur.
- Non, - Peut-on 'accuser d'avoir trop de lingueur ?
- J'en conviens, tu n'es pas un Nez long d'une toise,
De ces Nez qu'on verrait de Paris à Pontoise.
- Nul ne m'a vu paître en public, au logis,
Entouré de bourgeons ou d'indiscrets rubis.
- Je suis loin de te faire une pareille injure ;
Ni rubis, ni bourgeons ne souillent ta figure,
Et je bénis le ciel qu'un si cruel affront
Jamais dès de berceau n'ait pu couvrir mon front.
- Je ne suis point camard, et de bonnes lunettes
Pour tes yeux et pour moi paraissent être faites.
- J'en demeure d'accord ; va, calme ton effroi,
Je vois beaucoup de Nez plus difformes que toi.
- Qui peut donc allumer contre moi cette rage,
Et pourquoi me tenir cet étrange langage ?
- Pourquoi ! ... depuis dix ans, sans épargner mes soins,
J'ai veillé sans relâche à tes pressans besoins.
Que dis-je, tes besoins ? à ton moindre caprice
Tu m'as vu toujours prêt à te rendre service ;
Et lorsque je devrais pour prix de mes travaux,
Pour le fruit de mes soins, goûter un doux repos,
D'empoisonner mes jours te faisant une étude ;
Tu n'as payé ces soins que par l'ingratitude.
Mais, je le dis enfin, dussai-je t'offenser,
Tu dois, dès ce jour même, au tabac renoncer.
J'entends déjà tes cris, je vois ton insolence ;
Tu vas de l'habitude opposer la puissance,
M'accuser d'avarice, et sans nulle pudeur

---

381 Desmare, Épître a tous les preneurs de tabac, Paris, 1806, pp. 1-6.

▲ Alcuni indigeni impegnati nella lavorazione del tabacco, Moyses van Wtenbrouck, 1622

Donner libre carrière à ta mauvise humeur.
Je ressens comme toi la peine la plus dure ;
Je sais que l'habitude est une autre nature ;
Je sais que ton courroux est tout prêt d'éclater ;
Mais parlons de sang-froid, et daigne m'écouter.
Du Tabac par mes soins quand tu connus l'usage,
Je crus que te montrant reconnaissant et sage,
D'adoucir mes ennuis tu ferais ton bonheur.
Trompeuse illusion, trop séduisante erreur !
A peine as-tu connu cette poudre traîtresse,
Que tu conçois pour elle une vive tendresse ;
Et cette passion allant toujours croissant,
Te rend bientôt malpropre, impérieux, gourmand.
Laissai-je par hasard chez moi ma tabatière,
Va, cours me la chercher ; vois dans mon secrétaire,
Me dis-tu. Si je n'ai de quoi t'alimenter,
Il faut pour te servir vite aller emprunter.
Peindrai-je les excès, (parlons avec franchise)
De ton intempérance et de ta gourmandise ?
Lorsque pour t'obliger je me mets tout en eau,
Tu vas porter le trouble en mon faible cerveau,
Déranger l'estomac, altérer la mémoire,
Ourdir peut-être encore une trame plus noire.
Je te vois me nommer de fameux médecins
Citer en ta faveur des passages latins ;
Et t'appuyant surtout du grand peintre Molière,
Me réciter les vers de son Festin de Pierre.

C'est dans la médecine un remède nouveau ;
Il purge, réjouit, couforte le cerveau,
De toute noire humeur promptement nous délivre,
Et qui vit sans Tabac n'est pas digne de vivre.

Je vois qu'il a voulu s'égayer par ce trait ;
S'il vante le Tabac, sans doute il en prenait.
Je respect avec toi de semblables suffrages ;
Malgé l'autorité de ces grands personnages,
Je ne puis toutefois admettre leurs raisons.
A tous ces beaux discours simplement je réponds :
Avant qu'en nos climats cette herbe narcotique
Eût été transplantée en nous vînt d'Amérique,
L'on se portoit fort bien, et tous nos bons aïeux,
Sans prendre du Tabac, valaient peut-être mieux.
Que de peuples encor méconnaissent l'usage
De cette herbe étrangère ! et lorsque le sauvage
Fait sur ses membres nus un bizarre portrait
De pates, d'animaux, de bon cœur il rirait
De voir que, par nos, soins, une poudre amassée
Est, dans une autre bouche, et conduite er pressée ;
S'il la voyait mâcher ou brûler à ses yeux,
Puis la rendre en fumée il rirait encor mieux.
Je ne me plains ici que de ton moindre crime ;
Je souffrais encor d'en être la victime,
Et je m'applaudirais de mon fâcheux destin,
Si le ciel à ces maux bornait tout mon chagrin.
Mais c'est bien pis vingt fois, quand rempli d'insolence
Tu ne mets plus ni frein ni borne à ta licence.
Et sans parler ici de ta mauvaise odeur,
Que suivrait à la piste un bon chien de chasseur ;
Sur un papier de choix où ma main d'écrire,
Une tache est tombée, il faut vite transcrire.
Je te maudis cent fois ; mais que servent mes cris,
Il me faut malgré moi supporter tes mépris.
Vais-je au bal, au concert, ou dans une assemblée,
Mon jabot est sali ma cravatte est souillée ;
Il est tard, et je cours me rendre en un festin,
Que faire ? ôter la tache, ou rembrousser chemin ;
Si quelque rendez-vous, le prix de ma tendresse,
Précipite mes pas auprès de ma maîtresse,
J'arrive, je l'embrasse, et sur son estomac
Soudain je vois couler des larmes de Tabac.
A ce nouvel aspect bientôt elle s'écrie ;
Voilà les doux baisers de l'amant de Julie !
J'arrête mon pinceau ; je ne pourrais finir
A rendre tous les traits dont tu m'as fait rougir.
Assez et trop long-temps ma lâche complaisance
A de tous ces mépris supporté l'insolence ;
Il est temps qu'elle cesse ; il est un terme à tout,
Et c'est enfin pousser ma patience à bout.
Mais je t'aime, et je sens que malgré ton offense
Ma colère ne peut survivre à ma vengeance,

Et fait place en mon cœur à la tendre pitié.
Ma bonté te pardonne, et de mon amitié
Je prétends te laisser un magnifique gage
Qui toujours du Tabac partout te dédommage.
Pour la boîte à Tabac que je dus t'accorder,
Je donne cent flacons, tu les peux demander ;
Mais ne va pas du moins, dans une folle ivresse,
Dédaigner les effets de ma haute largesse.
Cent esclaves chargés du soin de te servir
Et de te bien moucher sont prêts à t'obéir ;
Et cent flacons pendus autour de tes narines,
Seront par eux remplis des odeurs les plus fines ;
De roses, de jasmins, de jacinte, d'œillets,
Ils te composeront chaque jour cent bouquets,
Et te formant de fleurs l'image d'un parterre,
Te feront oublier enfin la tabatière.

D******E.[382]

Sicuramente una poesia satirica, in cui l'autore, parlando col proprio naso, mostrava che esso non era fatto appositamente per fiutare il tabacco, ma per esempio per sostenere gli occhiali per aiutare la vista. Ma qualità propria della satira è mostrare il problema esistente sotto un velo di risate. Il naso chiedeva all'autore di smettere col tabacco, in quanto rischiava di ingrossarsi perdendo la sua eleganza e di non poter far più il suo dovere: sentire i profumi e gli odori. L'autore ribatteva che se ne poteva discutere, che dopotutto non eccedeva mai nell'uso del tabacco, ma quest'ultimo lo aiutava quando aveva dei problemi. Nonostante i medici fossero favorevoli al tabacco, il naso non era d'accordo sul continuare a fiutare «l'erbaccia straniera». Come per la poesia precedente, l'autore doveva aver sviluppato una personale idea, sicuramente un po' controcorrente rispetto all'epoca, riguardante gli svantaggi, magari più estetici che concernenti la salute se pensiamo al problema della grandezza del naso, che il fiutare tabacco apportava all'essere umano.
Come per la medicina, quindi, anche la poesia dimostrava che esistevano sia sostenitori del tabacco, che i suoi detrattori.

6.4 LA MAGIA

Nel 1660, un autore ignoto, scrisse *L'anatheme du Tabac*. Il testo narrava di un sogno in cui l'autore parlava con l'Oracolo di Delfi e con un fantasma. L'anatema iniziava così:

Noir object d'une Ame enfumée
Tabac vray charme des Enfers,
L'arme le foudre de mes vres
Contre ton ombre et ta fumée :
Avec les traicts de ce pinceau,
Te veux esbaucher un Tableau
Où ton infame portraicture,
Paroisse avec tant de laideur,
Qu'il faudra bien que la peinture,
Donne l'espouvente et l'horreur.[383]

Come da tradizione ad ogni anatema si opponeva il contro-anatema. Il testo in questione vuole essere un esempio

---

[382] Desmare, *Épître a mon nez, sur les inconvéniens et les dangers du Tabac*, Paris, 1806, pp. 1-6.
[383] Autore ignoto, *L'anatheme du Tabac*, Rouen, 1660, p. 1.

di quanto il tabacco fosse diventato famoso per la società dell'epoca come pianta miracolosa e, in qualche modo, magica. Si era ancora nel XVII secolo, magia e alchimia avevano ancora gran presa sulla popolazione; poteva quindi risultare estremamente semplice l'accostamento della pianta miracolosa alla magia. Di questo periodo si hanno ancora notizie di roghi contro le streghe in alcune regioni, specialmente quelle di confine (si pensi alla Franca Contea); quindi, proprio per questo motivo, cioè che il tabacco fosse considerato ancora un elemento alieno da alcuni ambienti della cultura europea, perché giunta dal Nuovo Mondo come accompagnata da un'aura di miracolosità, fu facile adoperarla nel campo della magia.

6.5 ENCICLOPEDIE E PIPE

Con l'Illuminismo vennero scritte le prime enciclopedie e anche alcuni pamphlet su come realizzare o costruire vari oggetti, tra cui le pipe; infatti se si voleva fumare il tabacco l'unico sistema, per quel che riguarda il Regno di Francia, era con la pipa. A proposito, nel 1771 Henri-Louis Duhamel du Monceau scrisse un libello dal titolo *L'art de faire le pipes à fumer*. L'autore spiegava che fumare era molto utile alla salute, come abbiamo già potuto analizzare, ed era un ottimo aiuto nel corso delle conversazioni. Nel testo spiegò come fare le pipe e i vari modelli disponibili all'epoca.

Anche Le Royer Prade scrisse delle pipe: fatte in legno, rivestite in rame o in una pietra verde, la cui virtù era aleatoria; le più corte erano lunghe circa un piede e mezzo. Per togliere un po' di asprezza il fumo doveva prima passare da un tubo che era immerso in una bottiglia mezza piena d'acqua; in seguito si portava un altro tubo alla bocca e si aspirava il fumo che, essendo passato per la bottiglia contenente l'acqua, risultava meno acre e anche meno dannoso alla salute. Probabilmente questo metodo era stato importato dall'est, dove il narghilè era già in uso all'epoca. Neander attribuiva questa invenzione ai Persi, gli Europei invece inventarono la pipa in terra cotta, che oggi è usata in tutto il mondo.[384]

Anche nell'*Encyclopédie méthodique. Arts et Metieres Mécaniques, dédiés et présentés a Monsieur Le Noir, Conseiller d'État, Lieutenant général de Police, &c* Jacques Lacombe dedicò alla parola «Tabac» numerose pagine, spiegandone la storia e l'uso fino al 1782. Data la natura illuministica dell'Enciclopedia, l'autore spiegava per prima cosa che, constatando la diffusione del tabacco, lo Stato avrebbe dovuto sostenerla coltivazione di tale pianta, visti i vantaggi economici che ne sarebbero emersi, considerando che si sarebbero potuti rendere fruttuosi quei terreni ancora incolti. Continuò poi spiegando le tecniche più avanzate per coltivare al meglio la suddetta pianta (tipo di terreno, tempistiche per la semina e la raccolta delle foglie, etc.), confrontando il metodo usato in Olanda, Paese che per clima e tipologia di terreno risultava affine alla Francia. Seguiva la spiegazione, come abbiamo già potuto analizzarla in precedenza senza cambiamenti sostanziali, dell'arrivo del tabacco in Europa e più specificatamente in Francia, di come viene lavorato (la preparazione per il tabacco da fumo, da fiuto e da masticare), gli accorgimenti per modificare l'asprezza del sapore del tabacco, e di tutte quelle espressioni relative al tabacco, per esempio: *presser le tabac* o *rôle de tabac*. A livello medico l'autore non scrisse nulla, le sue, infatti, valutazioni furono prettamente scientifiche e servivano per l'uso pratico, fine a cui era dedicata l'intera sua opera. Il tabacco era quindi così di ampia diffusione che fu analizzato in ogni suo aspetto e in ogni sua sfaccettatura.

---

[384] J. Le Royer Prade, *Doscours du Tabac, ou il est traité particulierement du Tabac en poudre. Avec des Raisonnemens Physiques sur les vertus & sur les effets de cette Plante, & de ses divers usages dans la Medicine*, Paris, 1668, pp. 97-98.

▲ Allegoria della botanica, Anthony van Zijlvelt, 1692. utilizzata come frontespizio di un testo sul tabacco

IL TABACCO E L'ARTE

7.1. STAMPE

Il tabacco divenne ben presto di uso così comune, come abbiamo potuto vedere, che anche l'arte, in diverse sue forme, gli rese omaggio. Grazie all'invenzione della stampa, le immagini divennero molto diffuse.

7.1.1. ILLUSTRAZIONI GRAFICHE DI VARIO GENERE

Ad esempio le stampe vennero usate per integrare i testi scientifici con immagini esplicative, come nel caso di un testo del 1614[385], oppure potevano essere usate nei testi che spiegavano gli usi e i costumi delle popolazioni scoperte durante il periodo dei grandi viaggi intorno al globo: affiancato a collane e oggetti di uso comune, poteva comparire anche una pipa per il tabacco, tipo quelle adoperate per i rituali di pace tra gli Indiani d'America[386].
In altri casi le stampe rappresentano invece nobili o momenti di convivialità durante i quali veniva fumato o sniffato il tabacco. In certune stampe si possono notare, ad esempio, due uomini seduti a un tavolo con una candela accesa, uno dei quali fuma la pipa mentre l'altro tiene in mano un bicchiere. Vediamo dunque che l'atto del fumare era entrato nell'uso comune e venisse in qualche modo equiparato al bere[387].
In un altro caso si possono osservare due popolani che si aiutano ad accendere la pipa, il tutto questa volta corredato da una filastrocca che sprona a condividere anche il superfluo in nome di una carità fraterna[388].
Il tabacco, come abbiamo più volte notato, era così comune e così elegante che in alcune stampe è possibile vedere un nobile, facilmente riconoscibile dalla parrucca, dall'abito, dalla persona stessa e dall'atteggiamento, che fa udienza a un anziano mentre sembrerebbe ridurre in polvere il tabacco per poi poter riempire la sua tabacchiera che è possibile vedere vuota sul tavolo. Come abbiamo notato in precedenza, la pipa nelle immagini nobiliari è rara se non inesistente, sinonimo del fatto che la nobiltà non fumava, bensì assumeva prese di tabacco[389].
Il tabacco divenne un bene così importante e, soprattutto, così comunemente amato che il re di Francia, per rendere omaggio al re di Spagna, gli donò un'ingente quantità di tabacco già pronto in polvere, oltre all'onnipresente cioccolato. Venne donato il tabacco in polvere in quanto i francesi erano famosi per la qualità e l'aromatizzazione varia che conferivano al tabacco[390].
C'erano anche dei veri e propri ritratti, come ad esempio quelli del Capitano Baert, che si faceva ritrarre durante un momento di svago mentre fumava la sua pipa. Possiamo dedurre quindi che l'uso di fumare il tabacco era più frequente tra la gente di mare[391].
L'uso della presa di tabacco è sempre più comune, tanto che sempre più nobili si fanno ritrarre durante questo atto, ognuno con la propria tabacchiera in mano. Le tabacchiere divennero altresì sinonimo di nobiltà e raffinatezza[392].
Tra i molti nobili che si fecero ritrarre si può annoverare anche Philippe Vendôme, gran Priore di Francia[393].
Dall'altra parte i popolai, che per poter usufruire di tale piacevolezza lo dovevano fumare, come il personaggio immaginario père Duchesne che denuncia, durante il periodo rivoluzionario, il differente tabacco che era riser-

---

[385] C. De Passe, Hortus Floridus: in quo rariorum & minus vulgarium Florum icones ad vivam veramque formam, Extant Arnhemÿ. Apud Ioannem Ianssonium Bibliopolam Ibid. 1614, vue 96.
[386] A. Sparman, J. G. Forster, Moeurs et traditions des habitants du Cap. Ornements et ustensils Hottentots, Paris, 1787.
[387] M. Lasne, Deux hommes attabés buvant et fumant, publication Mariette excudit Cum Privilegio Regis, 1635.
[388] chez Nicolas Guerard Graveur, Charité fraternale. - Si tout superflux se donnoit, nul malheureux on ne verroit, Paris, 1700.
[389] chez Nicolas Guerard Graveur, Tabac en poudre, Paris, 1700.
[390] Autore ignoto, Le Roi de France reçoit du Roi d'Espagne aux Tuleries, quatre mille cinq cens livres de tabac à priser et de chocolat, 1705.
[391] R. Bonnart, Le capitaine Jean Baert de Dunquerque, en pied, Paris, 1702.
[392] L.S. Mercier, Illustrations de Esquisses pour le amateurs, Paris, 1787, p. 96.
[393] Autore ignoto, Portrait de Philippe de Vendôme, en pied, prenant une prise de tabac, Paris, 1727.

vato alla nobiltà e quello che invece era riservato ai popolani[394].

Nonostante il periodo rivoluzionario fosse pieno di tensioni, l'uso di fumare il tabacco non venne mai meno, come abbiamo già dimostrato, neanche all'interno dei comitati rivoluzionari[395].

La maggior parte di queste stampe provengono da due collezioni: la collezione Hennin e la collezione De Vinck, queste sono consultabili presso la Bibliothèque National de France, alla sede "Richelieu" nell'ala "Estampes".

7.1.2 SATIRA

Il periodo Rivoluzionario sicuramente può dare ottimi esempi di stampa satirica.

Ci sono stampe in cui possiamo vedere che l'unico che fumava era il rappresentante del popolo che aspirava "l'essenza della libertà", mentre il nobile e il clero non potevano permetterselo e, anzi, disprezzavano questa usanza[396]. Oppure esistono stampe in cui viene mostrata l'esasperazione dei soldati che, abituati a fumare in qualunque circostanza, continuavano a farlo anche mentre simbolicamente defecavano sugli aristocratici. Possiamo quindi dedurre che l'atto del fumo era parte integrante della routine dei soldati[397].

Come ben sappiamo, gli aristocratici, nel periodo Rivoluzionario, erano così sospettosi di chiunque, che anche nel vedere un popolano che semplicemente fumava la sua pipa con solo tabacco, ipotizzavano un complotto contro il primo e il secondo stato[398].

La presa di tabacco, ancora ai prodromi del periodo napoleonico, è così di uso comune che anche durante l'atto della lettura collettiva del giornale (resa satirica dal titolo che la compara addirittura a una riunione politica), veniva offerta dalla tabacchiera[399].

C'erano poi dei temi ricorrenti, tanto da dare vita ad alcune stampe molto simili tra loro; ad esempio si può vedere il clero, che avendo perso i suoi benefici, invece di continuare a prendere il tabacco in polvere, lo fuma. Il tabacco era comunque un sollievo: date le loro numerose preoccupazioni che li affliggevano, le sue capacità calmanti potevano essere estremamente vantaggiose[400].

In altre stampe veniva rappresentato un clericale che era alla ricerca degli antichi privilegi, mentre il popolano gli ricorda che non avevano più valore del tabacco che stava fumando nella pipa[401].

7.1.3 ALMANACCHI E NEGOZI

Infine sugli almanacchi venivano qualvolta riportate immagini riguardanti il tabacco, dato il suo uso ormai così comune tra il popolo, come ad esempio nell'almanacco del 1678 in cui si vedono sullo sfondo i soldati che combattono e in primo piano una rana che fuma e trasporta per loro il tabacco[402].

L'uso sempre più comune del tabacco, anche nella sua forma in fumo, fa si che venga usato anche per dimostrare al popolo che la Francia è imbattibile: «Tutto va in fumo contro la Francia» recita l'almanacco del 1693, dove sono visibili tre donne che rappresentano la Francia e intanto fumano la pipa[403].

Infine una stampa particolare riguarda un negozio di tabacco a Parigi, tratto da una raccolta di stampe di Jean Marie Mixelle, che dedicò numerose sue opere alla riproduzione di Negozi particolarmente belli e decorati del centro di Parigi[404].

---

394 Autore sconosciuto, Te Deum bourgrement patriotique du pere Duchesnem sur la convalescence du roi, Paris, 1791.
395 P.-G. Berthault, Intérieur d'un Comité révolutionnaire sous le régime de la Terreur, Paris, 1802.
396 Autore ignoto, Le Trois fumeurs, Paris, 1789.
397 Autore ignoto, Je Chie, sur les Aristocrates, editore M. Bossange, 1790.
398 Autore ignoto, Le Fumeur Patriote, Paris, 1790.
399 Autore ignoto, La Réunion politique, ou la Lecture du journal, editore A. Martinet, Paris, 1797.
400 Autore ignoto, Le Déménagement du Clergé, editore P.-A. Basset, Paris, 1789; Autore ignoto, Le Déménagement du Clergé, Paris, 1789.
401 Autore ignoto, Mon gentil-homme, s'il m'en croyait, il cesseroit de porter plus loin des recherches de titres, que depuis longtemps nous sont à charge, et qui certainement n'auront pas plus d'effet que la fumée de sa pipe..., Paris, 1790; Autore ignoto, Mon gentilhomme s'il m'en croyait il cesseroit de porter plus loin des recherches de titres.., Paris, ca 1790.
402 Francart, Trois testes dans un bonnet, editore J. Sauvé, 1677.
403 Autore ignoto, Tout nest que fumée contre la France, editore P. Landry, 1692.
404 J. M. Mixelle, Boutique de M.r Phelippon, M.d de tabac rue de Grenelle S.t Honoré, N.o 57, Paris, ca 1812.

▲ Quaccheri inglesi presso le piantagioni di tabacco delle Barbados, 1726, Carel Allard

7.2. MUSICA

Altra arte che rende omaggio al tabacco è la musica con varie declinazioni.

7.2.1. ARIE

La prima è un'aria del 1676. Porta una dedica: «A Mademoiselle De Bourlemont»[405] Segue una lettera dedicatoria che elogia il padre della signorina De Bourlemont e i figli maschi.
La prima parte parla dell'amore e della bellezza in tutte le sfaccettature e quindi anche di amore incostante. È un'aria d'amore verso i piaceri della vita, basata sull'innamoramento verso un bel luogo, il buon vino, le belle ragazze. Alla fine si canta:

Que nous devons aymerton excellent usage, Divin tabac où le cerveau Trouve un charme toûjours nouveau, Un remede qui le soulage : Ah! que no goûtons de douceur Quand nostre cerveau s'abandonne Aux delices de tonodeur! Et ce peur on passer di plaisir que tu donne? Et ce peur-on passer du plaisir, Du plaisir que tu donne! Ah! que Si je n'ay du tabac. Il flatte le cerveau. C'est que par.[406]

---

405 J. Sicard, *Duxième Livre D'airs Sérieux Et À Boire, À2, Et À 3 Parties*, 1676, Paris, p. 3.
406 Ibidem, pp. 22-23.

Sono state inoltre create delle Raccolte di Arie, la prima dal titolo *Recueil d'Airs sérieux et à boire de différents auteurs*, il cui curatore è C. Ballard è del 1707. Il testo:

> *D'oû me vient cette sombre humeur? Pourquoy mes foibles yeux craignent-ils la lumiere? Pourquoy suis-je accablé d'une triste langueur? Ah! J'ay perdu ma Tabatiere! Point de Tabac, helas! plaisirs, santé, Vivacité, Tout avec mon Tabac est resté sur ma table; Amy secourable, Letien est-il bon ? Il est parfumé, Il est detestable, Adsim, adsim, adsim. A de simples Tabacs je suis accoûtumé: Cet autre est plus agréable; Ah! quelle volupté! Ah! Quelle volupté! Dieu du Tabac, que tes Autels Soient encensez par les Mortels; Que du plus noir Petun mille Pipes fumantes, Te fournissent d'Encens; Que tes Doyens enchiffeenez, Chantent du nez Tes plaisirs forcenez; Et que pour te rendre propice, Ton Temple retentisse D'éternuments, Et de reniflements. Ton Temple retentisse D'éternuments, Et de reniflements.*[407]

La seconda raccolta è del 1710 di Jean Desfontaines, dal titolo *Airs sérieux et à boire*. L'aria che ci interessa si trova a pagina 47, il testo:

> *Tabac qui partes sels piquans reucille mon ame assoupie tu me cause touiouns deplaisirs innocens que je prefere a tous ceux de la vie; quel est l'effet du meilleur vin plus on en, boit plus il rend beste on est inquiet et chagrin lorsque l'on a l'amour en feste qu'on soupire pour des beautez qu'on soupire pour des beautez qu'on aime le ius de la treille pour toy Tabac tous mes sens enchantez quittent Philis et la bouteille pour toy Tabac tous mes sens enchantez quittent Philis et la bouteille quittent Philis et la bouteille.*[408]

La terza raccolta è del 1720, curata da Jean-Baptiste-Christophe Ballard, dal titolo *Recueil D'airs Sérieux Et À Boire De Différents Auteurs*. L'aria che ci interessa si intitola *La rappe organisée*, e il testo è il seguente:

> *Ouy, ouy la rappe au tabac s'accorde, sans a-voir ny tuyau ny corde, Mieux que l'Orgue & le Violon: Ouy...lon: Cét instrument sur passe la musique, Il ne cherche jamais son ton; Et quand il cherche, c'est du bon, Du bon Tabac, Du bon Tabac de Martynique, de Martynique. Cét instrument...que.*[409]

Nel 1783 fu completata la *Recueil de petits airs variés pour la harpe dont celui de malborough, j'ai du bon tabac* di Krumpholtz, dedicata a una Madame di cui non si riporta il nome.
Testo:

> *Je voulois Sylvie ne vous point aimer et passer ma vie a vous estimer peuton se déffendre contre tant d'appas, le cœur le moins tendre ne le pouroit pas.*

Je n'ai d'habitude
Qu'avec mes soupirs,
Et ma solitude
Fait tous mes plaisirs.
Mon cœur triste et sombre
Plait à mon amour,
Je n'aime que l'ombre
Et je fuis le jour.

Un fond de tristesse
Me serre le cœur,
Ma délicatesse
Cause ma langueur,
J'ai sujet de craindre

---

[407] C. Ballard, *Recueil d'Airs sérieux et à boire de différents auteurs*, 1707, Paris, pp. 226-227.
[408] J. Desfontaines, *Airs Sérieux et à Boire*, 1710, Paris, pp. 47-49.
[409] J.-B.-C. Ballard, *Recueil D'airs Sérieux Et À Boire De Différents Auteurs*, 1720, Paris,, pp. 18-19.

Et de m'affliger,
Assez pour me plaindre
Trop peu pour changer.

Puisque mon espoir se fonde sur ce rendez-vous secret dans n'ot amoureuse ronde tâchons en amant discret dans n'ot amoureuse ronde tachons en amant discret de n'ètre pas vu du monde et de l'ètre de Babet de n'ètre pas vu du monde et de l'ètre de Babet.

Ce demi jour me seconde
C'est la que demeure Babet
Qu'eu voluptai sans seconde
Tendre aurore s'i vous plait
N'enclairais pas plus le monde
Laissais le ciel comme il est
Crions pour qu'alle réponde
Babet ? ma chere Babet.

La nuit profonde seconde les feux le plus secrets, j'entens couleur l'onde, l'air est frais la nature est en paix, nous semblons rester seuls au monde notre bonheur commence, jouissons en silence, nos soupirs peindront mieux l'ivresse de nos feux.

Que ce bois est sombre que j'en aime l'ombre, un amant rêveur y trouve des des douceurs sans nombre; dans la triste absence l'ambre et le silence d'un sensible cœur nourrissent la tendre doleur.

Dans ce bois tout y conspire en faveur du dieu d'amour. C'est à ce dieu qui nous attire dans ce d'angé reux séjours.

Je sens l'haleine d'un vent frais qui soufle avec peine dans le fond de ce bois e paix sur les fleurs les plus nouvelles il va parfumant ses ailes pour embaumer nos forets pour en baumer nos forets.

Au fond d'une sombre valée dans l'enceinte d'un bois épaux une humble chaumiere isolée cachait l'innocence et la paix la vivait c'est en angleterre une mere dont le desir était de laisser sur la terre sa fille heureuse et puis mourir.[410]

L'ultima raccolta è del 1815, dal titolo *Vingt-quatre airs connus arrangés d'une manière facile pour guitare ou lyre seule par rougeon-desrivières.... oeuvre 14eme. 7eme livre d'airs arrangés*, di P. Rougeon-Descrivères. La cosa interessante è che si tratta di un pezzo per chitarra dal titolo: *La Monaco et j'ai du bon Tabac*[411].

7.2.2. CANZONI

La prima è una piccola canzone di M. Colesse e, nonostante la raccolta sia stata fatta nel 1689, questa entra a far parte della suddetta solo nell'edizione del 1693.
Testo:

Si je n'ay du Tabac je fais mauvaise chere, Si je n'ay du Tabac je fais mauvaise chere, Il a des appas ravissans, Dequoy satisfaire le plus delicat des nos sens, Il fiate le cerveau d'une douceur extréme; Mais aprés tout ce qui fait que je l'ayme, C'est qu'il est grand amy du vin, Et grand ennemy du chagrin; Mais aprés tout ce qui fait que je l'ayme, C'est qu'il est grand amy du vin, Et grand ennemy ennemy du chagrin.[412]

L'ultimo esempio è una canzone di Déduit, dal Titolo *Les Méprisés*. È un libretto con una raccolta di arie, di cui alcune

---

410 J.-B. Krumpholtz, *Recueil de petits airs variés pour la harpe dont celui de malborough, j'ai du bon tabac*, 1783, Paris,, pp. 15-23.
411 P. Rougeon-Descrivères, *Vingt-quatre airs connus arrangés d'une manière facile pour guitare ou lyre seule par rougeon-desrivières.... oeuvre 14eme. 7eme livre d'airs arrangés*, Paris.
412 C. Ballard, *XIX. Recueil de Chansonnettes*, 1693, Paris, pp. 48-49.

sono tratte da Figaro.
Les Mèprisés è un'aria sulla presa di tabacco. Il testo:

> Ô toi qui vante ces auteurs qui ne corrompent point les mœurs je te sais gré de ta justice car il en est dont la matice donnent plus d'un coup de jarnac, je les méprise et je les prise moins qu'une Prise de Tabac.

Qu'un Citoyen paisible Epoux
Des autres ne sait point jaloux
Je l'estime et je le révere
Mais l'homme qui fait le sévere
Et qui sur son front à l'y grec
Je le méprise
Et je le prise
Moins qu'un pepin de raisin sec.

Toi qui commande méme aux dieux
Toi que l'on adore en tous lieux
Embrase toujours ma Maitresse.
Car pour ces belles qui sans cesse
De tes douceurs sont un trafic,
Je le méprise
Et je le prise
Moins qu'une prise d'Arsenie.

Amilié qui fait le bonheur
Du mortel qui sent ton ardeur
Sur les humains répand tes charmes
Laisse la haine et les allarmes
À la race qui porte froc
Je la méprise
Et je la prise
Comme un barbare de maroc.

Quand je vois au Palais-Royal,
Un petit minois virginal
De volupté mon cœur palpite
Mais vois-je vieille décrépite
Agacer le Comte ou le Duc
Je la méprise
Et je la prise
Moins que le baton de mon jue.[413]

7.2.3. TRAGICOMMEDIE PASTORALI

C'è solo un esempio in questo ambito, cioè *L'impuissance tragi-comédie pastorale*, di Veronneau del 1634, dove tra le varie Œuvres possiamo vederne una dedicata al tabacco[414].
Molti di questi spartiti sono raccolti nella sede Richelieu, nell'ala dedicata alla "Musique", altri sono invece alla nuova sede François Mitterand.

---

413 da *Recueil de chansons de divers auteurs*, M. Déduit, *Les Méprisés*, ca. 1788, Paris.
414 Veronneau, *L'impuissance tragi-comédie pastorale*, 1634, Paris, p. 147.

7.2.4. BALLETTI

Di Balletti abbiamo solo due esempi, e entrambi datati XVII secolo.
Il primo è un balletto per sua Maestà, scritto a mano. La parte che ci interessa è il «Recit des Preneurs de Tabac. Oh ch'Immensa Impatienza Di cantar mi salta al gozzo se non canto a te mi strozzo se non canto a te mi strozzo»[415].
Nelle pagine seguenti il coro continua:

> Recipe tabachi puluerisati de tabachiera basta Capiatur per nasum capiatur per nasum quantum Pasta. Al corpo di Bacco chiun sacco N'estaco Nespaco Mammaco Tabaco Tabaco Tabaco Tabaco. Al corpo di Bacco chiun sacco N'estaco Nespaco M'ammaco tabaco Tabaco Tabaco Tabaco Tabaco Tabaco. Crudelissimo Amore Crudelissimo Amore Tu sei tabacco & tabacchiera al Core Ma Ma qual hora un tisiu ti sara sospiri in vece di stranuti sara sospiri in vece di stranuti.[416]

Il resto del testo è invece in lingua francese.

L'altro balletto è di Claude-François Ménestrier e si intitola *Des Ballets anciens et modernes selon les régles du Théâtre*, Parigi 1682, Non ha né spartito né testo, viene solo descritta la scena. È dedicato al Duca d'Aumont, pari di Francia e primo gentiluomo della camera del Re.

▲ La raccolta del tabacco, Moyses van Wtenbrouck, 1622

---

415 J.-B. Lully, *Ballet De L'impatience*, 1661, Paris, p. 37
416 Ibidem, pp. 40-45.

▲ Facciata di un negozio di tabacchi, Isaac Weissenbruchstraat, 1836 - 1912

CONCLUSIONE

La mia tesi era partita dalla domanda: cosa ne pensarono i francesi del tabacco? La risposta, come abbiamo visto, è stata sufficientemente chiara: amavano questa pianta e i benefici che pensavano apportasse alla salute. Ho cercato di affrontare l'argomento da ogni angolazione che mi si è presentata: storica, legale, medica, letteraria e artistica.

Storicamente abbiamo visto che il merito di aver importato la pianta è stato assegnato a Jean Nicot, ma che la fama di erba guaritrice lo si deve *in primis* a Caterina de' Medici, colei che per prima usò la polvere di tabacco per placare il mal di testa cronico di cui soffriva.

Dal punto di vista legale i re e i loro governi, intuendo immediatamente il profitto che si poteva trarre dal monopolio della vendita e della lavorazione del tabacco, imposero seppur con ritardo rispetto ad altri stati continentali (1674), introdussero la privativa sul genere, a tutela della quale imposero pesanti ammende e pene in opposizione al contrabbando. Solo la Rivoluzione, al motto di «liberté, égalité, fraternité», rese libera la vendita e la lavorazione del tabacco. Anzi, fece di più: ne rese libera anche la coltivazione in tutta la Francia.

Napoleone, successivamente, impose nuove restrizioni: fu reintrodotto così il monopolio di Stato.

Ma il fulcro di tutta la mia tesi è stata la parte medica. Si riteneva che questa pianta, se assunta sotto prescrizione medica potesse avere grandi capacità curative, seguendo la teoria ippocratica e galenica degli umori. Vi si fece ricorso per curare numerose malattie e i sostenitori in campo medico del tabacco furono molti e certamente maggioritari. L'idea di base era che questa sostanza, calda e secca, potesse far fuoriuscire dall'organismo gli umori freddi e umidi che rendevano malato il corpo quando non in perfetto equilibrio tra loro.

I metodi di somministrazione non si risparmiarono: dal semplice tabacco da fiuto e quello da fumo, all'olio di tabacco, dall'acqua di tabacco agli impiastri (decotti) a base di tabacco e via dicendo, a seconda di quale fosse il male e la sua causa. Fu consigliato contro malattie semplici, come il mal di testa provocato dall'odore del carbone o contro il raffreddore; ma alcuni medici facevano ancor di più: lo prescrivevano in caso di sordità e, addirittura, contro la peste!

Ma, come abbiamo potuto analizzare, non solo i medici lo proponevano come miracoloso ritrovato, giunto dal Nuovo Mondo quasi a salvare la razza umana: anche uomini e donne di cultura ne sostenevano l'uso, fosse esso medico o voluttuario: per renderlo più gradevole e corrispondente ai gusti della società francese di Ancien Régime furono inventati numerosi modi per profumarlo, analizzati nel corso della tesi.

Molti erano a favore del tabacco, quindi; ma, ovviamente, qualcuno che non fosse totalmente d'accordo coi colleghi di cui abbiamo appena parlato c'era.

Per avere i primi veri detrattori del tabacco si dovette però aspettare fino al XIX secolo: la scienza e la tecnologia avevano fatti passi da gigante nel mentre. Ma non si trattava sempre di un rifiuto netto del tabacco: era visto come il minore dei mali, di fronte a una malattia e poteva addirittura avere effetti realmente benefici.

Data la fama che ammantava il tabacco, la società francese scrisse una vera e propria etichetta per la sua assunzione, dedicò odi, poesie, stampe scientifiche, di rappresentanza o satiriche, come anche canzoni, musiche e balletti. L'Illuminismo, da parte sua, gli dedicò pagine enciclopediche. Ognuno, quindi, secondo il proprio stile.

In conclusione, rispondendo alla domanda che mi sono posta all'inizio della ricerca: il fumo uccide, ma è sempre stato così chiaro? No.

Dai testi analizzati, da quanto riportato dalle fonti, ci vollero secoli per capire che il fumo può essere causa di morte. I francesi, nello specifico, furono grandi amanti della pianta arrivata dal Nuovo Mondo; la usarono, e ne abusarono, indistintamente uomini e donne; anche se l'uso femminile non era così ben visto.

Anche quando salirono alla ribalta i primi detrattori di tale erba, non furono mai categorici nell'abolirne l'uso, come ho già detto.

La storiografa antecedente questo lavoro aveva trattato, precipuamente, solo alcuni dei problemi: come e quando arrivò il tabacco in Francia, il problema del contrabbando e l'uso della pianta come genere voluttuario. Il testo più completo, a tal proposito, rimane il testo dei Vigié, *L'herbe de Nicot. Amateurs de tabac, fermiers généraux et contrebandiers sous l'ancien régime*; gli autori, però, non si concentrano sull'aspetto medico, ma su altri aspetti, in particolare quello economico, sociale e, in misura inferiore, quello legale.

Per quanto riguarda l'aspetto economico è stato particolarmente rilevante nella storiografia francese il testo di Price, *France and the Chesapeake. A history of the French tobacco monopoly, 1674-1791, and of first relationship to the British and American tobacco trades*, il quale si concentra in particolar modo sull'importanza finanziaria del commercio del tabacco.

Questa pianta fu sempre più vista come una spezia, come un qualcosa di semplicemente "voluttuario", proprio come spiega ampiamente il testo di Schiwelbush *Storia dei consumi voluttuari. Spezie, caffè, cioccolato, tabacco, alcool e altre droghe*, ma non solo: fu considerata dalla storiografia transalpina, anche un fattore socializzante come ben illustra Nourrison nella sua opera *Histoire sociale du tabac*.

Gli altri testi riportati in bibliografia si concentrano quasi tutti sul problema legale, ma arrivando sempre e solo fino al 1793 come anno limite: la caduta della monarchia, come abbiamo visto, segnò un cambiamento epocale per il tabacco e la sua vendita.

Partendo quindi da questa lacuna in ambito medico per quanto riguarda la Francia, il cuore della mia tesi si è concentrato proprio su questo punto.

Vorrei spendere infine due parole sull'esperienza che ho avuto la fortuna di fare all'estero. La possibilità di vedere in prima persona e poter leggere, senza alcun filtro quindi, le fonti che mi sarebbero servite per questa tesi è stata una delle emozioni più forti della mia vita: ho potuto prendere in mano testi con la firma del cardinal Richelieu, con quella dei re che si sono succeduti da Luigi XIII fino a Luigi XVI, trattati scritti nel XVII secolo. Mi sono immersa in letture che altri prima di me hanno fatto, ma secoli fa. Anche solo la possibilità di potermi recare in biblioteche diverse per la ricerca delle fonti e visitare luoghi bellissimi e che su di me hanno sempre avuto un immenso fascino (penso al sito Richelieu per la parte dei Manoscritti e delle Stampe) o in luoghi nuovi, costruiti appositamente per preservare il sapere (come il nuovo sito François Mitterand) è stato un piacere immenso.

Per la formazione di uno storico un tale lavoro di ricerca ritengo sia parte fondamentale della propria crescita e della propria realizzazione. Sicuramente non è stato facile, ma solo in questo modo ho potuto avere la conferma che il lavoro fatto per questa tesi, questo lavoro di investigazione, è quello che più mi piace, che più mi dà soddisfazioni e di cui sono veramente orgogliosa.

▲ Un *tabaks collegium* presso la corte prussiana di Federico Guglielmo

BIBLIOGRAFIA

1. A. Advice, *Storia meravigliosa del tabacco*, Roma, Canesi, 1965
2. M.-H. Bourquin e E. Hepp, *Aspects de la contrebande au XVIII siècle*, Paris, 1969
3. W.H. Bowen, *The earliest treatise on tobacco: Jacques Gohory's «Instruction sur l'herbe petun»*, in «Isis», 28, 1938, pp. 349-363.
4. W. Bragge, *Bibliotheca nicotiana: a first catalogue of books about tobaco*, 1874
5. P. Capuzzo, *Culture del consumo*, Bologna, 2006
6. O. Comes, *Histoire, geographie, statistique du tabac. Son introduction et son expansion dans tous le pays depuis son origine jusqu'à la fine du XIX siècle*, Napoli, 1900.
7. S. Dickson, *Panacea or precious bane: tabacco in sixteenth century literature*, New York, 1954
8. R. Escobedo Romero, *El tabaco del rey: la organizacion de un monopolio fiscal durante el antiguo regimen*, Pamplona, Ediciones universidad de navarra, 2007
9. E. Gondolf, *Le tabac sous l'ancienne monarchie: la Ferme Royale (1621-1791)*, Vesolu, Cival, 1914
10. J. Goodman, *Tobacco in history. The cultures of dependance*, London and New York, Routledge, 1993
11. V.G. Kiernan, *Storia del tabacco*, Venezia, Marsilio, 1983
12. Kwass, *Contraband: Luis Mandrin and the making of a global underground*, Cambridge (Massachusetts), Harvard University Press, 2014
13. B. Laufer, *Introduction of tobacco into Europe*, Chicago, Fiel Museum of Natural History, 1924
14. J. López Linage-J.Hernandez Andrei, *Una historia del tabaco en España*, Madrid, Ministerio de Agricoltura, pesca y alimentacion, 1990
15. C. Mann, *1493. Come Colombo ha creato il mondo in cui viviamo*, Milano, Mondadori, 2013
16. J. S. Meyer e L. F. Quenzer, *Psicofarmacologia. Farmaci, cervello e comportamento*, F. Fornai (a cura di), Edi. Ermes, Milano, 2009
17. S. Monti, *Il tabacco fa male?*, Milano, FrancoAngeli, 1987
18. D. Nourrison, *Histoire sociale du tabac*, Éditions Christian, Paris, 2000
19. J. Perez Vidal, *España en la historia del tabaco*, Madrid, Centro de estudios de Etnologia peninsular, 1959
20. J.M. Price, *France and the Chesapeake. A history of the French tobacco monopoly, 1674-1791, and of first relationship to the British and American tobacco trades*, Ann Arbor, 1973
21. J.M. Rodriguez Gordillo, *La creación del estanco del tabaco en Espana*, Madrid, fundacion Altadis, 2002
22. J.M. Rodriguez Gordillo, *Diccionario historico del tabaco*, Madrid,Cetarsa, 1993
23. J. Rogozinski, *Smokeless tobacco in the Western World, 1550-1950*, New York, Praeger, 1990
24. *Saggio di bibliografia del tabacco* (Europa e bacino Mediterraneo), a cura di V. Camerani e A. Fernandez, Roma, Tip. Failli, 1952
25. W. Schiwelbush, *Storia dei consumi voluttuari. Spezie, caffè, cioccolato, tabacco, alcool e altre droghe*, Milano, Mondadori, 1999
26. P. Scmidt, *Tabacco. Its trade and consumption in early modern Europe*, in *Prodotti e tecniche d'oltremare nelle economie europee. Secoli XII-XVIII*, Atti della XXIX settimana di studi F. Datini (Prato 14-19 aprile 1997) a cura di S. Cavaciocchi, Firenze, Le Monnier, 1998
27. *Tobacco in history and culture. An encyclopedia*, a cura di J. Goodman, Detroit, Thomson Gale, 2005
28. M. et M. Vigié, *L'herbe de Nicot. Amateurs de tabac, fermiers généraux et contrebandiers sous l'ancien régime*, Paris, 1990
29. J.C. Wacquet, *La ferme de Lombart (1741-1749). Pertes et profits d'une compagnie française en Toscane*, in «Revue d'histoire moderne et contemporaine», 1978

ELENCO FONTI A STAMPA

Bibliothèque de l'Arsenal

1. M. Corrette, *La Servante au bon tabac, VII concerto comique pour trois flûtes, hautbois ou violons avec la basse-continue*, Paris, 1734
2. *Eloge du tabac en vers*, 1719
3. *L'anatheme du Tabac*, Rouen, 1660
4. J. Lacombe, *Encyclopédie méthodique. Arts et métiers mécaniques, tomi 7 e 8*, Paris, 1782-1791

Bibliothèque François Mitterrand – Salle K-L-M Histoire et Philosphie

1. Assembée Nationale Constituante, *Nouveau Projet de décret concernant le revenu public à établir sur la consommation du tabac dans le royaume*, Paris, 1791
2. Assembée Nationale Constituante, *Projet de décret, proposé par le comité d'imposition, pour la vente du sel et du tabac*, Paris, 1791
3. Assembée Nationale Constituante, *Projet de décret proposé par le comité de l'imposition, et concerté avec le comité d'agriculture et de commerce ; relativement à la partie du revenu public établie sur la consommation du tabac*, Paris, 1790
4. Assembée Nationale Constituante, *Projet de décret proposé par le comité des contributions publiques, relativement à la vente du tabac*, Paris, 1791
5. Assembée Nationale Constituante, *Rapport fait au nom du comité de l'imposition, concernant le revenu public provenant de la vente exclusive du tabac*, Paris, 1790
6. Cher d'Arlach, *Le Repos du souverain, voeu de la nation, ou Moyens de procurer l'un et de remplir l'autre, suivi des Considérations sur les gabelles et le tabac, par le chevalier d'Arlach*, Avignon, 1789
7. É. Clavière, *Réflexions adressées à l'assemblée nationale, sur les moyens de concilier l'impôt du tabac avec la liberté du commerce et les rapports que la France doit entretenir avec les Américains libres, sur l'usage des licences ou patentes qui permettent de fabriquer ou vendre, etc., etc.*, Paris, 1790
8. Conseil des Cinq-Cents, *Projet de résolution présenté par Monnot, pour l'établissement d'un droit à la fabrication sur le tabac. Séance du 21 frimaire an VI*, Paris, 1797
9. Conseil des Cinq-Cents, *Résolution sur le tabac, avec les articles additionnels non délibérés, dont le Conseil a ordonné l'impression*, Paris, 1798
10. *Considérations sur le tabac*, Paris 1790
11. J.-B.-L.-F. Delamare, *Des Tabacs*, Paris, 1814
12. J.-F. Desmarets, *Plan de finance, pour être présenté aux État généraux*, 1789
13. L.-H. Duchesne, *Projet d'imposition juste et facile, propre à suppléer au déficit qu'occasionnerait dans les revenus du Roi la suppression des traites intérieures des gabelles, du tabac et des impôts mis sur les cuirs*, 1789
14. Louis XVI, *Acte Royal: 1782-06-00*, Versailles
15. Johannes Chrysostomus Magnenus, *De Tabaco Exercitationes quaturodecimus*, 1658
16. J.-J. Menuret, *Observations sur le débit du tabac après la suppression du privilége, relatives à l'intérêt et à la santé des citoyens*, Paris, 1789-1792
17. S. Mittié, *A l'Assemblée nationale. N° XI. De la vente libre du tabac et de l'avantage d'en établir la culture en France*, Paris, 1789
18. S. C. Mittié, *A l'Assemblée nationale. Plan de suppression des fermiers généraux, des receveurs généraux des finances*, Paris, 1789
19. R. de Morainville, *L'Union des trois Ordres et la Poule au pot, ou Moyens de remplir le déficit et d'assurer l'extinction totale des dettes de l'État, sans nouveaux impôts, et de supprimer, dès-à-présent, dans tout le royaume, les tailles, fouages, affouages et afflorinemens, la capitation, les douanes et traites intérieures, toutes les loteries, les grandes et petites gabelles, la vente exclusive du tabac et les devoirs de Bretagne*, 1789
20. *Observations sur le tabac*, 1791
21. *Pétition des cultivateurs et propriétaires de l'Alsace à Messieurs les membres de la Chambre des Pairs et de celle des députés des départements, pour la libre culture du tabac en France*, Strasbourg, 1814
22. *Privilége exclusif de la vente du tabac*, Paris, 1723
23. Régie des droits réunis, *Calendrier pour l'an 1811. État nominatif de MM. les débitants de tabac... de la Seine*, Paris, 1811
24. J.-F. Rewbell, *Projet de décret de M. Reubell, relatif à l'impôt du tabac*, Paris, 1790
25. *Tabac. Observations sur le projet de résolution présenté par le citoyen Viller au nom de la commission des finances, le 22 brumaire an VI*, Paris, 1797
26. *Tabacs*, Paris, 1815

Bibliothèque François Mitterrand – Salle O Droit

Louis XII:
1. *Acte Royale: 1629-11-17*, Paris

Louis XIV:
1. *Acte Royale: 1644-08-27*, Paris

2. *Acte Royale: 1646-10-07*, Fontainebleau
3. *Acte Royale: 1650-07-31*, Coutras
4. *Acte Royal: 1659-05-10*, Paris
5. *Acte Royal: 1660-06-00*, Bordeaux
6. *Acte Royal: 1663-02-17*, Paris
7. *Acte Royal: 1667-02-22*, Saint-Germain-en-Laye
8. *Acte Royal: 1674-09-27*, Versailles
9. *Acte Royal: 1674-10-27*, Saint-Germain-en-Laye
10. *Acte Royal: 1674-02-09*, Versailles
11. *Acte Royal: 1677-02-20*, Saint-Germain-en-Laye
12. *Acte Royal: 1678-09-27*, Fontainebleau
13. *Acte Royal: 1681-03-10*, Saint-Germain-en-Laye
14. *Acte Royal: 1681-07-00*, Versailles
15. *Acte Royal: 1685-08-00*, Versailles
16. *Acte Royal: 1688-03-23*, Versailles
17. *Acte Royal: 1689-01-25*, Versailles
18. *Acte Royal: 1696-10-16*, Fontainebleau
19. *Acte Royal: 1698-08-16*, Versailles
20. *Acte Royal: 1703-09-18*, Versailles
21. *Acte Royal: 1704-07-05*, Versailles
22. *Acte Royal: 1704-12-00*, Versailles
23. *Acte Royal: 1705-06-13*, Versailles
24. *Acte Royal: 1705-12-26*, Versailles
25. *Acte Royal: 1707-12-06*, Versailles
26. *Acte Royal: 1711-03-03*, Versailles

Louis XV:
1. *Acte Royal: 1717-12-00*, Paris
2. *Acte Royal: 1718-09-00*, Paris
3. *Acte Royal: 1720-07-30*, Paris
4. *Acte Royal: 1720-10-17*, Paris
5. *Acte Royal: 1721-08-01*, Paris
6. *Acte Royal: 1722-06-12*, Paris
7. *Acte Royal: 1723-07-12*, Meudon
8. *Acte Royal: 1729-08-02*, Versailles
9. *Acte Royal: 1743-04-09*, Versailles
10. *Acte Royal: 1744-02-15*, Versailles
11. *Acte Royal: 1746-05-13*, Au camp de Steene
12. *Acte Royal: 1747-06-00*, Au camp du Parc
13. *Acte Royal: 1749-05-04*, Marly
14. *Acte Royal: 1756-03-30*, Versailles
15. *Acte Royal: 1758-08-24*, Versailles
16. *Acte Royal: 1763-09-16*, Versailles
17. *Acte Royal: 1767-03-17*, Marly
18. *Acte Royal: 1770-02-00*, Versailles
19. *Acte Royal: 1772-06-23*, Versailles

Louis XVI:
1. *Acte Royal: 1775-08-29*, Versailles
2. *Acte Royal: 1776-06-26*, Marly
3. *Acte Royal: 1776-09-02*, Versailles
4. *Acte Royal: 1777-06-13*, Versailles
5. *Acte Royal: 1781-12-00*, Versailles
6. *Acte Royal: 1782-05-07*, Versailles
7. *Acte Royal: 1782-06-27*, Versailles
8. *Acte Royal: 1786-08-19*, Versailles

Bibliothèque François Mitterand – Salle R-S Sciences et Techniques

1. L.-A. Arvers, *Essai sur le tabac*, Paris, 1815
2. J.-F. Blanc, *Essai sur l'usage et l'abus du tabac*, Montpellier, 1806
3. C. Brunet, *Le bon Usage du tabac en poudre, les différentes manières de le préparer et de le parfumer*, Paris, 1700
4. P.-J. Buc'hoz, *Dissertations sur le tabac, le café, le cacao et le thé... par M. Buc'hoz,... 2e édition*, Paris, 1788
5. A.-A. Cadet de Vaux, *Instruction sur la préparation des tiges et racines du tabac considérées comme engrais*, Paris, 1811
6. A.-A. Cadet de Vaux, *Traité de la culture du tabac et de la préparation de sa feuille*, Paris, 1810
7. H.-L. de Chanagnac, *La baye des anglois an la partie orientalle de Tabac ou Tabago an L'Amerique*, 1706
8. N. Dupré de Saint-Maur, *Essai sur les avantages du rétablissement de la culture du tabac dans la Guienne*, Bordeaux, 1783
9. L. Ferrant, *Traité du Tabac en Sternutatoire*, Bourges, 1655
10. Mme. F. Fouquet, *Recueil des remèdes... recueillis par les ordres charitables de... Mme Fouquet... augmenté de plusieurs remèdes qui se sont trouvez de plus dans le manuscrit de ladite dame, avec un Régime de vie... et un traité du lait. T. Ier. - Recueil des remèdes... avec un traité de l'usage du tabac et de ses propriétez*, Paris, 1712
11. G. de la Haye, *Tableau de la France*, Paris, 1770
12. C. Inselin, *Carte des Royaumes d'Angleterre d'Ecosse et d'Irlande, avec les costes maritimes de France, Pays-Bas, d'Allemagne, Danemarck et Norvège, qui environnent la Mer du Mord, où sont marqués les bancs et les sondes. Dressée sur plusieurs cartes particulières, mémoires et autres, faites sur les lieux par opérations géométriques, gravée et dédiée au Roy d'Angleterre d'Ecosse et d'Irlande*, Paris, 1715
13. H. Jansen, *De la Culture du tabac en France*, Paris, 1791
14. J. Le Royer Prade, *Discours du Tabac*, Paris, 1668
15. J. Le Royer Prade, *Histoire du Tabac, où il est traité particulierement du tabac en poudre*, Paris, 1677
16. A. Manesson-Mallet, *Description de l'univers contenant les differents systemes du monde les cartes generale & particulieres de la geographie ancienne et moderne*, Paris, 1683
17. G. F. Medicus, a cura di L. F. Meisner, *Anacrisis medico-historico-diaetetica seu Dissertationes quadripartitae de caffe et chocolatae, nec non de herbae thee ac nicotianae natura*, Praga, 1720
18. J. Ostendorpf, *Traicté de l'Usage et Abus du Tabac*, Bordeaux, 1636
19. *Plan des anses de Roc-baye au Sud-Est de L'Isle de Tabac ou Tabago*, 1749
20. J.-M. Sarrazin, *Traité élémentaire de la culture du tabac en France, contenant les meilleurs procédés pour obtenir de cette culture des feuilles équivalentes, en qualité, à celles importées de l'étranger*, Paris, 1811
21. De Villeneuve, *Extrait du Traité complet de la culture du tabac*, Paris, 1791
22. J. Warner, *Observations de chirurgie*, Paris, 1757

Bibliothèque François Mitterand – Salle T-U-V-W Literature

1. M. Desmare, *Épitre à tous les preneurs de tabac*, Paris, 1806
2. *L'impuissance, tragi-comédie pastorale*, Paris, 1634
3. C.-F. Ménestrier, *Des ballets anciens et modernes selon les règles du théâtre*, Paris, 1682
4. *Le tabac, epitre se Zerlinde à Marianne*, Paris, 1769

Bibliothèque François Mitterand – Salle Y Livres Rares

1. Bérin, *Éloge du tabac en fumée*, Paris, 172?
2. H.-L. Duhamel du Monceau, *L'art de faire le pipes à fumer*, Paris, 1771
3. H. G. de Gouat La Garenne, *Les Bachanales*, Grenoble, 1657
4. Louis XIV, *Acte Royal: 1694-12-00*, Versailles
5. J. Neander, *Traicté du Tabac*, Paris, 1626

Bibliothèque Gallica

1. P.-A. Basset, *Le Déménagement du Clergé*, Paris, 1789
2. O. Berger-Levrault, *Marchande de Tabac*, Nancy, 1889
3. P.-G. Berthault, *Intérieur d'un Comité révolutionnaire sous le régime de la Terreur*, Paris, 1802
4. Ed. N. Bonnart, *Le sieur Jean Baert, capitaine de vaisseaux du Roy, annoblit par Sa Majesté...*, data dell'avvenimento 1702
5. H. Bonnart, *Le capitaine Jean Baert de Dunquerque, en pied*, Paris, data dell'avvenimento 1702
6. M. Bossange, *Je Chie, sur les Aristocrates*, Paris, ca. 1790

7. J.-L. Copia, *Le porte drapeau de la fête civique*, Paris, 1795
8. H.-L. Duhamel Du Monceau, *L'art de faire le pipes à fumer*, Paris, 1771
9. Ed. N. Guérard, *Charité fraternele. - Si tout superflux se donnoit, nul malheureux on ne verroit*, Paris, data dell'avvenimento 1700
10. M. Lasne, *Deux hommes attablés buvant et fumant*, data dell'evento 1635
11. *Le Déménagement du Clergé*, Paris, 1789
12. *Le destin molestant les Anglais*, 1780
13. *Le Frondeur du Tabac. Satyre pour et contre*, Paris, 1725
14. *Le Fumeur Patriote*, Paris, 1790
15. *Le Roi de France reçoit du Roi d'Espagne aux Tuileries, quatre mille cinq cents livres de tabac à priser et de chocolat*, data dell'evento 1705
16. *Les Trois fumeurs*, Paris, 1789
17. A. Martinet, *La Réunion politique*, Paris, 1797
18. L.S. Mercier, *Illustrations de Esquisses pour les amateurs*, 1787
19. *Mon gentil-homme, s'il m'en croyait, il cesseroit de porter plus loin des recherches de titres, que depuis longtemps nous sont à charge, et qui certainement n'auront pas plus d'effet que la fumée de sa pipe...*, Paris, 1790
20. *Mon gentilhomme s'il m'en croyait il cesseroit de porter plus loin des recherches de titres..*, Paris, 1790
21. C. de Passe, *Hortus Floridus*, 1614
22. *Portrait de Philippe de Vendôme, en pied, prenant une prise de tabac*, data dell'evento 1727
23. A. Sparrman e J. G. Forster, *Illustrations de Voyage au Cap de Bonne-Espérance et autour du monde avec le Capitaine Cook, et principalement dans le pays des Hottentots et des Caffres*, Paris, 1787
24. *Tabac en poudre*, Paris, data dell'evento 1700
25. *Te Deum bougrement patriotique du pere Duchesne, sur la convalescence du roi : le veritable p. Duchesne*, Paris, ca. 1791
26. G.-F. Le Trosne, *Examen de ce que coûtent au roi et à la nation la gabelle et le tabac*, 1777

Bibliothèque Richelieu – Estampes et Photographie

1. Francart, *Trois Testes/Dans un Bonnet*, 1677
2. J. M. Mixelle, *Boutique de M.r Phelippon, M.d de tabac rue de Grenelle S.t Honoré, N.o 57*, Paris, 1812
3. Éditeur: P. Landry, *Tout / nest que fumée / contre / la / France*, Paris, 1692

Bibliothèque Richelieu – Manuscrits

1. Louis XV, *Acte Royal: 1721-08-01*, Paris
2. Louis XVI, *Acte Royal: 1700-03-10*, Versailles
3. Urbano VIII, *Acte Pontifical*, Roma, 1642

Bibliothèque Richelieu – Musique

1. C. Ballard, *XIX. Recueil de Chansonnettes de différents autheurs, à deux et trois parties*, Paris, 1693
2. C. Ballard, *Recueil d'Airs sérieux et à boire de différents auteurs, pour l'année 1707*, Paris, 1707
3. J.-B.-C. Ballard, *Recueil d'Airs sérieux et à boire de différents auteurs. Année 1720*, Paris, 1720
4. I. de Benserade, F. Buti, *Recueil de Ballets [musique manuscrite]: Tome II*, 1670-1699
5. Déduit, *Les Méprisés*, Paris, ca. 1788
6. J. Desfontaines, *Airs sérieux et à boire* (168), 1710
7. J.-B. Krumpholtz, *Recueil de petits airs variés pour la harpe dont celui de Malborough, J'ai du bon tabac...*, Paris, 1783
8. J.-B. Lully, *Ballet de l'impatience. LWV 14*, 1690
9. P. Rougeon-Descrivères, *Vingt-quatre Airs connus arrangés d'une manière facile pour guitare ou lyre seule par Rougeon-Desrivières.... Oeuvre 14eme. 7eme livre d'airs arrangés*, Paris, ca. 1815
10. J. Sicard, *Duxième Livre d'airs sérieux et à boire, à2, et à 3 parties*, 1676

SITOGRAFIA

1. http://ec.europa.eu/growth/tools-databases/tris/it/search/?trisaction=search.detail&year=2015&num=241 Sito database della Comunità Europea per i rapporti stilati.
2. https://www.fondazioneveronesi.it/index.php?cID=8695&bID=5989&arHandle=Main&ccm_token=1385691058:526653654383229d5a502dc0d7a6cbe0&btask=passthru&method=allComments Sito della fondazione Umberto Veronesi per la lotta al cancro.

RINGRAZIAMENTI

Colgo l'occasione per ringraziare tutti coloro che hanno saputo starmi vicino in questi mesi di tesi, sia in Francia che in Italia, senza di loro tutto questo lavoro non sarebbe mai stato possibile.

Per primi vorrei ringraziare il mio Relatore, Professore Stefano Levati, che mi ha dato la possibilità di cimentarmi in questo lavoro dandomi sempre un grande supporto, sia accademico che psicologico. Allo stesso modo vorrei ringraziare la Professoressa Silvia Bobbi, mia relatrice durante la laurea Triennale e, con molta gioia, ritrovata anche per la tesi Magistrale.

Sicuramente non sarei qui senza la mia famiglia: i miei genitori Betty e Vanni che mi hanno sostenuta in qualunque modo possibile in questi anni universitari, (sebbene io sia la "pecora nera della famiglia"); mio fratello Francesco con il suo instancabile ottimismo e la sua gentilezza che, anche nei momenti più neri non è mai mancata. Ringrazio mia zia Daniela (Dada) per il supporto affettivo, come anche i miei zii Monica e Alberto, quest'ultimo anche per alcuni dettagli medici e mio cugino Milo, che mi ha sempre tirato su di morale.

Un ringraziamento speciale è per il mio ragazzo Jacopo, la sua fiducia in me e nelle mie capacità è stata di fondamentale importanza per portare a termine questo lungo, ma alquanto soddisfacente, lavoro.

Non posso dimenticare i miei amici: Alessandra, Alice e Vanessa per il loro supporto scientifico (rispettivamente in campo medico, chimico e biologico), Ilaria per l'apporto sempre umano ed entusiasta, Silvia per l'interesse dimostratomi, Francesco per i consigli fotografici, le mie compagne di danza, Lisa, Ambra, Camilla, Giulia e Betti che insieme alle mie insegnanti di danza, Sofia e Sara, mi hanno sempre ricordato che chi danza può tutto.

E infine, ma di certo non per importanza, i miei colleghi: Giovanni, Martina, Andrea, Melania e Giulia sempre pronti ad aiutarmi e sostenermi sia a livello accademico che a livello umano; Chiara che non manca di ricordami il valore umano del lavoro che facciamo.

Un ultimo ringraziamento è per il Professor Giancarlo Landini, per avermi insegnato che il metodo di studio è la base di una ricerca efficace e ordinata, per la Professoressa Laura Airaghi che mi ha insegnato ad amare la storia e a cercare di viverla, e per il Professor Andrea Beneggi, storico che mi ha insegnato a non abbattermi e a credere nella storia.

Un ringraziamento è doveroso a farlo a tutti coloro che sono stati citati nella tesi, senza il loro apporto e senza il loro contributo, più o meno antico, questa tesi sarebbe stata solo una risma di fogli bianca.

Solitamente non sono molto per queste esternazioni di affetto, ma la laurea magistrale è una volta nella vita, quindi bisogna fare uno strappo alla regola!

www.ingramcontent.com/pod-product-compliance
Lightning Source LLC
LaVergne TN
LVHW081543070526
838199LV00057B/3767